U0926174

2012 年 3 月 1 日厉以宁到铁道大厦驻地报到参加政协大会

上：2011 年 8 月厉以宁携夫人何玉春在山东临沂调研途中小憩

下：2012 年 7 月厉以宁在内蒙通辽就“牧区小城镇建设”调研时深入牧民家里了解情况

2012 年 8 月厉以宁在陕西商洛调研时与参加调研座谈会的部分人员合影

2012年10月厉以宁主持召开全国政协经济委员会民营企业家经济形势座谈会

2012 年 11 月厉以宁带队在浙江调研途中

上：2014 年 8 月厉以宁带队在黑龙江调研国有林场改革途中

下：2015 年 11 月厉以宁同夫人何玉春到贵州毕节七星关区宗琳小学考察

2017 年 9 月，厉以宁带队就贫困地区的可持续发展问题在安徽旌德县调研途中

2018 年 1 月厉以宁在参加十二届政协第 24 次常委会期间与工作人员合影

春风无语绿山城

走近历以宁

刘焕性 / 著

中国大百科全书出版社

图书在版编目（CIP）数据

春风无语绿山城：走近厉以宁 / 刘焕性著. —北京：中国大百科全书出版社，2022. 10

ISBN 978-7-5202-1217-5

Ⅰ. ①春… Ⅱ. ①刘… Ⅲ. ①厉以宁—事迹 Ⅳ. ①K825. 31

中国版本图书馆CIP数据核字（2022）第177976号

出 版 人 刘祚臣
策　　划 郭银星
责任编辑 陈　光
责任印制 朱东旭
封面设计 程　然
出版发行 中国大百科全书出版社
地　　址 北京阜成门北大街 17 号
邮　　编 100037
网　　址 http://www.ecph.com.cn
印　　刷 北京君升印刷有限公司
开　　本 880 毫米 ×1230 毫米　1/32
字　　数 138 千字
印　　张 7
版　　次 2022 年 11 月第 1 版
印　　次 2022 年 11 月第 1 次印刷
定　　价 68.00 元

序

何玉春

我跟刘焕性同学认识于2011年。那年7月厉老师带队到山东调研，刘焕性作为经济委员会办公室工作人员陪同我们一起前往。我对刘焕性的第一印象是人勤奋、踏实、好学，对工作很负责任，在山东济南、临沂和东营一路的调研，安排服务都很细心很周到，选取的调研地点也都很有代表性。在调研途中，刘焕性跟我们聊起了他的家乡、个人的求学经历，以及在政协的工作情况，我才知道他的老家在陕西的东南端，与湖北十堰的郧西县交界，那里是一片大山区，交通不便，山大沟深林密，上小学就要在四里外的学校住校，周末回家还要帮家里干农活，初中学校则是在十里外，上高中更是要步行三十多里山路才有去县城的班车。但他喜欢上学、热爱读书，凭着一股子韧劲和拼劲，一路读书来到北京。第二年的8月份，厉老师和我带着几名北大师生到陕西调研，途径陕南，还专门去了他老家所在的县，就欠发达地区的经济和社会发展问题进行调研，并召开专题座谈会，为他老家的脱贫和发展问题积极出主意想办法。

从山东调研回来后不久，厉老师告诉我，刘焕性准备跟着他从事博士后研究了。得知这个消息，我很为刘焕性感到高兴，他以前学的专业是历史，现在学经济，这种跨学科的经历和研究很有益处。刘焕性学习很用功，凡是厉老师有课、光华有讲座，他都来听、都来学。听厉老师讲，他在课堂和讲座上提问也很踊跃，跟其他同学相处得也很融洽。特别是厉老师那时候在政协经济委员会履职，几乎所有在政协的调研、会议活动，刘焕性都陪厉老师一起，而且他还是个有心人，每次厉老师的发言他都用心记录整理，这也成了后来他能连续写出20多篇厉老师在政协履职文章的第一手资料。特别是每年两会期间，刘焕性先跟张文彬、后跟傅帅雄和陈骐一起，精心陪同和照顾厉老师的参会、发言、接受媒体采访等活动。厉老师在每次大会结束时，都会跟我讲很多他们参会时的小花絮和小故事，我听了也都很开心很高兴。

2018年初，厉老师不再连任全国政协常委了，刘焕性仍然经常来找厉老师请教有关经济学问题，跟我们分享他的读书心得和思考情况，并就他陆续写出的关于厉老师履职政协的文章征求我们的意见。我也经常鼓励他多写，因为他毕竟是厉老师在政协期间接触最多的人，是亲历者和亲见者，将厉老师在政协期间的思想和观点归纳整理出来，让更多的人看到和了解，对做学问和经济社会发展都很有意义。去年底，我建议和鼓励刘焕性将他近几年所写的关于厉老师的文章结集出版，我认为这既是厉老师在政协履职工作的回顾和记录，也是他学习厉老师思想观点的归纳和总结。希望刘焕性在此基础上，不断深化对经济学理论的研究和对经济社会现象的分析，不忘初心，勇毅前行。

是为序。

2022年4月9日

于北大蓝旗营

前言

中学时代我的理想是学习法律，但后来的学习历程却跟我在青葱岁月时的理想有了不同，大学、研究生、博士和博士后阶段，我分别学习了历史学和经济学，也正是因为学习了历史和经济，我的读书与生活才打开了另外一页，才相继遇到了影响自己一生的三位良师：朱志勇、杨念群和厉以宁。朱志勇老师教给了我哲学思辨，杨念群老师教给了我史学反思，厉以宁老师则教给了我经济学视野与古典文学素养。

厉以宁是经济学大师，能跟他从事四年多博士后研究是我一生的荣幸。厉以宁老师先后连任三届全国政协常委、经济委员会副主任，我作为当时经济委员会办公室的工作人员，跟他接触的机会很多，作为亲历、亲闻者，多次听到他为农业农村、实体经济、服务业发展、民营经济、供给侧改革、金融改革、城镇化和林权改革等问题鼓与呼，他那鞭辟入里的精彩分析、通俗易懂的经济学话语、让人忍俊不禁的经济学和历史学典故，至今都还深深回响在我的耳畔。

跟随厉以宁老师从事应用经济学博士后研究之后，我在他身边的时间更多了，几乎所有的调研和会议我都在场，亲历亲见亲闻了他为人、治学、参政的多个重要时刻，其间的感悟弥足珍贵，收获受益一生。厉以宁对学生既关心又严格，他能清楚记得我家人的姓名和孩子的年龄，每次出了新书都不忘签名赠送给孩子一本，并写上鼓励好好学习的话语；他对学业要求又极严格，从西方经济学理论到宏观经济学研究再到关于财政改革的博士后出站报告，每次都考问得我大汗淋漓；对我没有理解和领悟之处，厉以宁老师总是诲人不倦地分析讲解，直到我学懂弄懂为止。

除了经济学、历史学、哲学功底深厚之外，厉以宁对文学也有独到积淀和研究。他自幼就喜欢咏读古代诗词，自1947年创作第一首诗词《相见欢·仪征新城途中》以来，在此后70多年的岁月中他先后写了1400多首诗词，被众多同事和学生誉为“诗意人生”；厉以宁也喜欢文学名篇，从《枯树赋》《过秦论》《报任安书》到《五柳先生传》《陋室铭》《爱莲说》，再到《岳阳楼记》《醉翁亭记》《出师表》等，他经常在外出调研途中或晚饭后的散步时段随口诵读。他经常鼓励我背诵古诗文名篇，说诵读文学名篇既能在潜移默化中铸就人的气节和正气，也能涵养一个人的胸怀与修养，对涵养品德、砥砺意志、丰富人生等多有裨益，有益于健康向上的人生观、世界观和价值观的定型与巩固。

时代得一大师，乃时代之幸；人生得一良师，乃个人之幸。谨以此书向厉以宁老师和夫人何玉春老师致敬。

2022 年 3 月

目录

沉沙无意却成洲

与厉以宁老师结缘实属偶然。2003 年，我刚到政协工作，恰逢政协十届二次常委会召开，在常委会议楼的分组讨论会场外，我第一次见到了厉以宁老师。作为学术爱好者，对厉以宁老师的著作和观点，我并不陌生，因此与厉以宁老师颇为投缘。从那时起，我与厉以宁老师便结下了不解之缘，如今已有近 20 年了。

与厉以宁老师结缘

平易近人、学识渊博是厉老师给我的第一印象。作为经济学家，他总能用平凡的故事将深刻的道理讲得深入浅出。记得第一次见厉以宁老师时，他得知我是学历史专业出身的，便跟我谈起了张瀚在《松窗梦语》记载的一个故事："明代做过都察院长官的王廷相，在一次接见新任御史张瀚时说，‘我昨天乘轿进城，路遇大雨，一轿夫脚穿新鞋，开始还小心翼翼择地而行，生怕弄脏了新鞋。进城后，路面泥泞渐多，轿夫一不小心，踩入泥水坑中，由此便高一脚低一脚地随意踩去，不复顾惜了’。”厉以宁老师说，这个“新鞋踩泥”的故事，是他在读《松窗梦语》的时候印象最深刻的故事之一。这个故事讲的是“人生贵善始”的道理，做任何事情都一定要把好“第一关”，否则“傥一失足，将无所不至矣”。厉以宁老师讲的这个故事，事过多年仍时时留在我的记忆中。

作为政协委员，厉以宁老师参政议政的积极性很高，经常活跃在政协的履职实践中。从对民营经济的关注到对三农问题的关切，再到对发展混合所有制的调研。在工作的接触中，我对厉老师的了解也逐渐增多。2011 年 7 月，厉以宁老师率全国政协经济委员会“农村金融与小城镇建设”专题组赴山东省临沂市和东营市调研，我作为政协工作人员随同前往。5 天时间里，厉以宁一行从省里到市里再到乡镇开了 4 场座谈研讨会，实地考察了姚庄子镇和大王镇等小城镇建设示范区，以及月亮湾社区、齐商村镇银行、聚福源资金互助社等 13 家单位。在座谈和考察中，厉以宁老师提出农村金融与小城镇建设的核心问题是产业问题、人才问题、金融问题和生态问题。

也就是在这次调研途中，我跟厉以宁老师有了更深入的接触。调研之余，厉以宁老师与我聊天。他得知我从农村一路读书出来，因此对我的学习和工作情况很是关心，并与我谈了一些有关历史、文化和经济、农业等方面的话题。厉以宁老师对我说，政协经济委员会专家云集，在经济委员会工作最好要懂经济懂管理，要有一定的学术功底和底蕴。在厉老师的鼓励下，经过认真的复习准备，我也有幸得以在半年之后通过北京大学的选拔考试，跟随厉以宁老师从事应用经济学博士后的研究，并对财政和民生问题进行深入研读。对我而言，与厉以宁老师的结缘令我受益匪浅，既有学业上的指引，也有人生道理的熏陶，这些都将伴我终身。

一片冰心系三农

多年来，厉以宁老师一直记挂着我国的“三农”问题。他情系“三农”，不仅因为他20世纪50—70年代几次下放农村，同农民一起生活，更因为他深知农业、农村和农民在我国经济社会发展中的重要作用，对农村经济社会发展和农民生活的改善一直保持着高度关注。

在许多经济问题上，厉以宁老师常常会提出一些切实可行的真知灼见。在交往中，我渐渐发现。这些真知灼见不仅建立在扎实的理论功底上，更建立在大量深入基层的调研中。记得2012年8月5—9日，厉以宁老师利用学校放假时间带着包括我在内的4名学生深入商洛市山阳县、商南县、镇安县和柞水县调研，因为是民间学术考察，所以得以深入距县城百里之外的最偏僻的农村了解当地的经济和社会发展情况。

厉以宁老师常常将调研点选在偏远、落后的山区。那次，我们一行乘车连续翻过了3座海拔1500米左右的山头和十几座四五百米高的小山头，山路弯弯绕绕，尘土飞扬，晕车的感觉如影随形。经过4个多小时的颠簸，终于在晚上7点到达了镇安县最偏远的杨泗镇。刚一进招待所，大雨就倾盆而下。山里的雨声势惊人，轰隆隆的巨雷在头顶上一遍遍翻滚炸响，狂风吹得人睁不开眼、站不住脚，豆大的雨点打在身上既麻又疼。镇里一下子就停电了，整个小镇黑乎乎一片。正当我们陷入停电后的百无聊赖时，厉以宁老师走了过来，伴随着山里的暴雨雷鸣，给我们讲起了商鞅变法和李自成在商洛山里休养生息、厉兵秣马的故事。待雨势稍小，我们来到招待所旁边的小饭馆吃饭。见桌子上点着几根随风摇曳的蜡烛，厉以宁老师跟我们开玩笑说，今天我们在山里吃的可是烛光晚餐啊。这时候，我们才想起来是中午12点吃的午餐，肚子一下子就饿了起来。

我们在山阳县组织了一场“县域经济与民生问题座谈会”，与来自厂矿企业、教育文化、医疗卫生和农业等方面的一线从业人员深入交流。我们向当地人员了解他们境况，倾听他们的心声。在与大家的广泛交流中收获很大。在座谈会上，厉以宁老师也将自己对县域经济和民生问题的理解与大家交流。他提到，县域经济是具有地域特色和功能完备的区域经济，同周边农村联系最紧密，是最有利于打造与其地理区位、历史人文、特定资源相关联的特色产业的特色经济。发展县域经济，一是要有产业支撑。产业发展不能贪大求全，重在结构调整，要考虑到当地的经济条件和将来的发展，考虑到农产品产业链的延伸、农产品的深度加工问题。二是要有金融支持。要想法让金融重心下移到县一级，除了有村镇银行外，还应有村镇金融合作社，有担保公司，与农村种养业、加工业结合起来，防止资金链和产业链断裂，互帮互助求发展。三是要重视职业技术人才。要强县，就要大力发展地方教育和职业教育，引进人才、培养人才和培养技工。四是要重视生态建设。不能生产有毒有害产品，不能排污排毒，二氧化碳排放多了也不行，发展要走低碳化的路子，要有群众的参与。五是要注重创造市场。在"人无我有，人有我优，人优我反季节，人反季节我讲诚信"上下功夫，小富靠勤奋，中富靠机遇，大富靠智慧。作为功能完备的综合性经济体系，县域经济活动涉及生产、流通、消费、分配各环节，以及第一、二、三产业各部门。但是，县域经济又不同于国民经济，县域经济不能"小而全"，要"宜农则农""宜工则工""宜商则商""宜旅游则旅游"，注重发挥比较优势，突出重点产业。县领导的最大智慧是为本地制定科学的规划，认清宏观形势，打好微观基础。

厉以宁老师的观点给了当地干部群众很大启发。两年后，我与曾参与过那次座谈的几位当地干部交流时，他们说厉以宁老师的观点对他们发展县域经济有很大帮助，县里的农产品加工业、旅游业等特色经济都有了很大发展，职业技术教育也有了很大提升。

奔走在扶贫的道路上

我国已成为世界第二大经济体，但受历史、自然、社会等方面因素的影响，贫困问题仍然十分突出。2014 年 10 月 17 日，我国设立了第一个国家扶贫日，就是希望能唤起人们对贫困问题更多的关注，集全社会之力帮助贫困地区早日脱贫致富。

扶贫也是厉以宁老师关注度最高的领域之一，他多次带队深入到贫困农村实地调研，孜孜不倦地寻求让贫困地区脱贫致富的方法。每到一地，他都要深入到农民家中和田间地头，深入了解农民的生活，研究当地的资源禀赋和发展思路。毕节是贵州有名的贫困地区，自 2003—2012 年厉以宁老师接任贵州毕节“开发扶贫、生态建设试验区”专家顾问组组长（2013 年以后改任贵州毕节试验区总顾问），从此便与毕节结下了不解之缘。厉以宁老师潜心研究扶贫开发，为毕节的发展和毕节人民的福祉往返奔波、不遗余力。如今，毕节 2.7 万平方公里的土地上，到处都留下了厉以宁老师的足迹。

作为在全国有影响力的专业论坛，中国可持续发展论坛自

2006年创办开始，“消除贫困”“改革开放”就一直是论坛的主题，前三届论坛先后在天津滨海新区、贵州毕节和云南昭通召开。2013年11月初，第四届中国可持续发展论坛在江苏宿迁举行，探索新形势下欠发达地区脱贫减困之策，寻求后发地区跨越发展之路。我作为全国政协机关选派到安徽省阜阳市颍东区挂职的扶贫干部，有幸参加了会议。宿迁市位于江苏省北部，是我国东部沿海发达省份的后发地区，1996年由四个省级贫困县组建而成。建市17年来，宿迁市在基础差、底子薄的情况下，突出精神引领、增量带动、科技创新、改革创新、城乡统筹，探索出一条后发地区“先发突破”的发展道路。谈及本届论坛为什么选择在宿迁举办，论坛发起人厉以宁老师说：“宿迁是个典型的例子，建市短短17年来，经济社会发展势头强劲，取得了显著成绩，有很多经验要我们一起来总结、学习。”

第四届中国贫困地区可持续发展论坛围绕“改革、发展、脱贫”的主题，厉以宁老师在题为《城市化过程中的若干问题》的主题演讲中，从人的城镇化、就近城镇化等方面谈了自己的观点和想法，建议在城镇化过程中要量力而行，并充分发挥创造性，充分调动每一个人的积极性，通过创业和创新，释放更多发展红利。厉以宁老师认为，西方的城市化道路是一个自然过程，是和工业化同步进行的，由于缺乏统筹安排，也没有科学的城市规模概念，经济和社会的可持续性发展未被领导层所考虑，最后在一些国家中就发生了所谓的“城市病”，即农村人口大量涌入城市，城市中出现了棚户区或贫民窟，以致出现了“反城市化”倾向，即穷人继续涌入城市，富人纷纷迁离城市，搬到郊区甚至乡村居住。因此传统的城市化模式是不适合中国国情的。理由是中国目前的城镇化率刚刚超过 50%，而且城乡分割的二元户籍制度依然存在，农民的身份仍然是“农民”，不能同城市居民享受同等待遇。如果中国要达到西方发达国家的城市化率，即 90% 以上的人口集中于城市，那么城市居住条件必定严重恶化，居民生活质量必定大幅度下降，即使城市会因人口的增加而新增不少服务业和就业岗位，但就业机会依然满足不了涌入城市的农民们的要求。

在厉以宁老师看来，扶贫不是高高在上，而是要以平等的身份参与，跟当地政府和人民共同商量、讨论、研究，怎么把该地区的工作做得更好，让当地的发展更好更快更健康。

重回鲤鱼洲

鲤鱼洲（现在叫五星垦殖场）地处鄱阳湖畔，距南昌市区 43 公里。厉以宁老师对那里有很深的感情。1969 年 10 月，北京大学教职员工一千余人乘火车去南昌，到农村劳动。落脚点就是江西南昌鲤鱼洲。鲤鱼洲是鄱阳湖的一个围堰，当时是血吸虫病高发区，方圆几十里没有什么村庄，全是荒滩、湿地、沼泽区。北大教职员们克服了种种困难和不利条件，在那里生产劳动。厉以宁老师到了那里后，和其他同事一起修路建房，白天生产、晚上学习，虽然日子清苦，但内心充实。一个月后，厉以宁老师在鲤鱼洲迎来 39 岁生日。他挥笔写下了“恍然一梦醒何迟，惊觉已临不惑时。风送落花飞似雪，来年春在小桃枝”的七绝，以纪念这段难忘的时光。厉以宁老师说，他在那里目睹了当地农民的穷苦，感到非常震撼。也就是在这个时期，他的经济学观点发生了转变，决心探索一条研究社会主义经济的新思路。

1970 年 12 月后，夫人何玉春带着 6 岁的儿子到鲤鱼洲与厉老师患难与共，她是北大到鲤鱼洲陪同亲人劳动下放的第一人。不久，厉以宁老师挥笔写下《鹧鸪天 · 迎何玉春来鲤鱼洲》：

往事难留一笑中，离愁十载去无踪。银锄共筑田边路，茅屋同遮雨后风。　朝露冷，晚霞红，门前夜夜稻香浓。纵然汗渍斑斑在，胜似关山隔万重。

夫妻之间的相濡以沫成为那个时代生命中的亮色。1971 年 9 月，北大鲤鱼洲农场撤销，教职员工返校，厉以宁老师又赋《鹧鸪天》一首：

烟柳朦胧赣水边，汗珠洒遍稻田间。骄阳似火抢收日，秋雨连绵打谷天。　离后聚，苦中甜，共迎铁树放花年。忽闻星夜回京去，此刻心思却惘然。

这首词记述了厉老师当时的生活和心境。

时隔多年，厉以宁老师率全国政协经济委员会“积极发展混合所有制经济”调研组赴江西深入上饶、南昌等地调研，我作为政协工作人员参加了南昌段的调研。2014 年 4 月 20 日上午，调研组一行来到距南昌市区 30 公里的南昌市五星垦殖场第五分场和鄱阳湖畔的白沙港码头（也称北大码头）进行调研，调研组人员深入田间地头，进到寻常百姓家了解垦殖场改制、城镇一体化建设和农工的工作生活情况。厉以宁老师再次来到北京大学江西分校（鲤鱼洲）旧址陈列馆和五星垦殖场，看到那些曾经用过的简单劳作工具和简陋的生活用品，思绪万千。他指着宿舍、食堂、厕所、澡堂、工具棚的遗迹给我们看，一一讲述那段 40 多年前在鲤鱼洲度过的早年岁月。

如今的鲤鱼洲，昔日的荒凉情景已成历史。经过几代农垦人的艰苦创业，原先鄱阳湖畔这片荒凉地上，绿树成荫、稻浪千重，瓜果飘香、街宽林茂，被江西省列为商品粮基地重点开发区和菜篮子基地。在下午的座谈调研讨论会上，调研组一行先后听取了五星垦殖场领导和省农垦办领导对五星垦殖场和全省农垦系统的改制工作汇报，以及与会同志对混合所有制经济的讨论。厉以宁老师对鲤鱼洲未来的发展寄予厚望，并从六个方面阐述了如何发展混合所有制经济。一是弄清楚“生产效率”和“资源配置”效率的关系，“生产效率”主要是微观的，而“资源配置效率”主要是宏观的。二是混合所有制经济投资主体是多元化，不在于混合所有制经济持股的比例，而在于有完善的法人制度。三是要正确认识国有资本力量的大小，国有资本不在于其存量，而在于其控制力，国有资本减持是为了进一步的发展，让更多的民间资本进来。四是员工持股制是混合所有制经济的一种，企业和员工共同分享利润，有利于把大家的心凝聚起来，把大家的力量发挥出来。在今后农垦单位的改革中，可以试行员工持股制。五是城镇化不是一个简单的建设项目，而是一个改革项目。即改革城乡二元体制，让进城农民工能够逐步落户城市，享受跟城市居民一样的待遇。六是未来的农村谁来种田。大量的农业种植散户是客观事实，但家庭农场主、农民专业合作社和农业企业下乡是农业发展的方向。七是现在的城乡一体化是单向的，只有农村人口进城；下一阶段的城乡一体化应该是双向，农民可以进城，城里人可以下乡到农村租地种地，农民不再是一种身份，而只是一种职业。

勤奋不怠　持之以恒

自 2003 年至 2018 年初，厉以宁老师连续担任全国政协第十届、十一届、十二届常委。厉以宁老师时间观念极强，无论是参加政协的大会、常委会、双周协商座谈会，还是参加政协经济委员会召开的其他会议，总是第一个到达会场，这在委员们当中已成了标识。厉老师每次在会议上的发言总是开门见山、言简意赅、直奔主题，从无拖沓冗长或拖泥带水。

2013年3月3日，政协十二届一次会议在人民大会堂开幕，厉以宁老师提前40分钟到达会场落座并研读会议文件，被新华社记者拍摄报道后，成为那年大会期间在网上流传最广的照片之一。其实，厉以宁老师多年来在北大给本科生和研究生上课，都是提前到教室。从教60年来，从没有缺过一次课、误过一次课。在厉以宁老师心中，教师是神圣的职业，课堂是教师生命中最重要的舞台，传道授业、教书育人是教师的第一职责，无论什么理由，都不能耽误给学生上课。厉以宁老师是这样说的，60年来也是这样做的。

厉以宁老师是一位非常勤奋敬业的学者，每天早上6点准时起床，然后开始写作和研究。他的所有著作和文章，都是他利用早起的两个小时一个字一个字写出来的。每当我看到他用钢笔工整写就的一页页论文，看到他用红笔反复修改文稿的痕迹，看到他直到发言的最后一刻还在仔细琢磨、反复修改文稿的认真态度，我都深感差距和惭愧。记得2013年6月份随同厉以宁老师去湖北出差时，早上7点我去厉以宁老师房间，恰逢他正在翻看房间里放着的《史记》。见我进来，厉以宁老师便跟我谈起《史记·项羽本纪》，说起项羽和刘邦的故事，一个是风头劲健、意气风发的青年人，一个是饱经风霜、屡遭磨难的中年人，按气势论实力应该是项羽占上风，但作为青年人的项羽简单、冲动、好虚名，经受不了挫折和打击，而作为中年人的刘邦知人善任、审时机变，能够百折不挠。所以刘邦可以百败而完胜，只要他不死，力量越来越强大；项羽能百胜而不能一败，一败就身死国破。正所谓“垓下合围霸业空，英雄末路楚歌中。鸿门当断终难断，愧对乌江水自东”（厉老师的七绝）。但《史记》里记载的都是两千多年前的故事，历史性和文学性究竟该怎么看？厉以宁老师随口说起了他曾写过的词中的句子：“前人功过，史书难信，掷笔起彷徨。”历史是一面镜子，但读史书要有批判性的眼光。

跟厉以宁老师相处时间长了，便也愈加能感受到厉老师对学生的殷切关怀，有时是一句问询，有时是一点警醒，都能让偶有懈怠的我重新鼓足干劲和勇气。厉以宁老师不仅是一位经济学家，还是一位诗人。他自小就喜好诗词，从少年到现在、从城市到农村、从学习到工作、从逆境到顺境、从事业到家庭，可谓诗意人生、哲理追寻。厉以宁老师1996年的一首七绝《答友人》道出了心声：“诗是沉思词是情，心泉涌出自然清。从来奉命无佳作，莫给后人留笑名。”诗词跟随了厉以宁老师几十年，体察着其人生的思考和欢喜悲忧，每每读来，都让人有一种沉思和感动。“沿路看山未见人，溪流弯处有孤村，院墙石砌柳遮门。　　破晓风来云淡淡，午前雾起雨纷纷，红霞再现已黄昏。”（《浣溪沙·有所思》，作于滇藏公路途中，2007）。这首词实际上是厉老师一生三个阶段（少年、青中年、老年）的写照。而我最喜欢的是厉老师诗词中的四句：“处世长存宽厚意，行事唯求无愧心”（《破阵子》),“山景总须横侧看，晚晴也是艳阳天”（七绝）。厉以宁老师的学识、德行，映照并深深扎根于我的内心。

（原文载《中国政协》2015 年第 4 期）

宏观经济调控要注意三个方面的问题

改革开放以来，中国用短短几十年的时间，走完了一些国家上百年乃至数百年才能实现的跨越式发展，成为世界第二大经济体，经济社会发展取得了举世瞩目的成就。中国经济增长为什么这么快？核心动力其实有两个：一个是民营经济的发展，另一个就是创新。

宏观经济调控是政府对国民经济的总体管理，是一国政府特别是中央政府的经济职能，主要表现为国家利用经济法规、财政货币政策、信息导向、规划引导和必要的行政干预，对市场经济的有效运作发挥调控作用，从而实现宏观经济的总量平衡。厉以宁讲，市场调节不是万能的，宏观经济调控的存在有其必要性。因为市场存在着固有的弱点和缺陷，包括自发性、盲目性、逐利性和滞后性，而必要的宏观调控有利于帮助人们认识市场的弱点和缺陷，保证市场经济健康有序地发展。但宏观经济调控也有其边界和度，越过了一定的边界和度，宏观调控的作用和效能就会打折扣或产生消极影响，所以对宏观经济调控的功能和作用一定要有清醒的认识。

宏观调控重在预调、微调

厉以宁很早就对宏观调控有自己的鲜明观点。2003年担任全国政协常委、经济委员会副主任后不久，他就宏观经济调控问题在一次调研座谈会上谈到，一个人身体要健康，内在机制的完善是首要的，有病的时候有必要打针吃药，但要以人自身机制为基础；经济发展也一样，也需要依靠内在机制的完善，宏观经济调控是重要的，但不能够本末倒置，忽视市场机制的完善，否则经济忽冷忽热、摆来摆去的状况难以根除，很多问题是要靠改革来解决，而不是靠宏观调控来解决。此后在全国政协常委会议的小组讨论和经济委员会召开的宏观经济形势分析会上，他多次就宏观调控发表自己的意见。

2010年两会期间，在接受《财经国家周刊》《上海证券报》等媒体记者采访时，就当前中国经济宏观调控面临的主要风险挑战是什么这一问题，厉以宁回答道，宏观调控的总量调控有局限性，应该是总量调控与结构调控并重。因为从经济学意义上说，宏观调控是对总需求的调节，而中国的经济问题是结构问题，是供给问题，要靠产业政策来调节。结构调控应该放在重要位置上。

2013 年 9 月 26 日，厉以宁在中山大学岭南学院作《中国宏观经济形势和新一轮的经济改革》的演讲时，再次提出宏观调控不能替代改革。宏观经济调控作为外来力量，虽然也重要，但它处于辅助地位，不能什么事情都依靠宏观调控。经济的健康发展，主要依靠的是经济结构的合理与内在机制的完善。中国经济的很多问题都要靠改革来解决，而不是靠宏观调控来解决，绝对不能因为宏观调控有点成效就频繁利用。宏观经济调控重在微调、重在预调，是在不得已的情况下才可采用，一般情况要避免采用。

厉以宁谈到，有人经常说宏观调控的核心，在于如何处理好政府调节和市场调节之间的关系，于是就有“小政府、大市场”和“强政府、强市场”两种说法。但这两个说法都不准确，正确的说法应该是“有效的政府、有效的市场”。两者都要讲效率，都要有效，政府做政府应该做的事情，市场做市场可以做的事情，这样就行了。

在 2013 年 11 月份出版的《中国经济双重转型之路》一书中，厉以宁谈到政府也不是万能的，宏观经济调控在任何情况下都带有局限性。一是政府总是在不完全信息的条件下进行决策的。二是政府只有一个，而生产者投资者消费者却有千千万万，他们每个人都是根据自己的预期来选择对策，从而部分抵消了政府政策的效果。三是在具体实施中宏观调控措施往往容易力度过大、矫枉过正，从而造成“一管就死，一放就乱”的局面。在中国经济的双重转型过程中，这种时紧时松、时“死”时“乱”的现象之所以一再发生，既由于市场机制尚未完善，又由于政府职能未能正确定位。所以宏观调控应重在微调，尽可能少采取总量调控措施，而要以结构性调控措施为主。因为与总量调控措施相比，结构性调控措施所引起的震荡较小，效果会更显著。

厉以宁讲，宏观经济调控除了重在微调外，还应当采取预调措施。因为宏观调控起始时机的选择十分重要。过去，宏观调控起始时机往往滞后，宏观调控结束时机更可能滞后。这两种滞后都会给国民经济造成损失，也会给后续一段时间的经济运行增加困难。所以在今后的宏观调控中，政府应尽可能掌握经济中的真实情况，做到预调和微调并重。

2016 年 11 月 23 日，厉以宁在发表演讲《怎样持续推进供给侧改革》时，再次阐述了宏观调控要重在预调、微调的观点。他说，宏观调控重在预调，发现了苗头就要做在前面；重在微调，不要大幅度波动；重在结构性调控，就是要有重点的、一贯式的调控，而不能大水漫灌。大水漫灌的坏处是浪费了资金、时间和精力，而滴灌的好处就是“精准扶贫”，宏观经济调控一定要做到这样。在一些市场还没有充分发育的领域，在企业作为独立经营主体还没有成长的时候，政府在短时期内虽然可能有代替市场主体的作用，但是必须及时退出，否则对经济是有害的。要防止出现“宏观调控依赖症”，什么事情都要宏观经济调控。经济发生通货膨胀，宏观调控；经济增长率下降，宏观调控。既然宏观调控这么灵，还要经济改革干什么？实际上，这种依赖容易耽误经济改革。

刹车容易启动难

早在20世纪90年代，厉以宁就对中国经济的发展提出了自己的独特看法。他说中国经济就好比一辆汽车，刹车很灵，政府只要把财政闸门一关，把货币闸门一关，就可以起到刹车作用。但等启动就不容易了，几次降低利率，启不来；扩大信贷，还是启不来。其实宏观调控松紧的效果是不对称的。当宏观抽紧时，主动权在政府，紧控开支、提高利率、压缩信贷规模，因而刹车容易。等经济需要复苏时，主动权却不在政府，而在消费者和投资者手里，他们如果缺少信心，不买、不投资，则会出现商品积压，这样生产和消费都受影响，经济增长就会面临困难境界。

2004年1月6日，厉以宁在“首届中国企业发展论坛”上谈到，中国经济有两个特点，一是怕冷不怕热，二是刹车容易启动难。根据以往的经验可知，中国经济的抗寒能力比较差，只要经济增长速度下来一点，各种问题马上都出来了，而经济稍微热一点却不要紧。世界各国的经济发展状况可以归纳为两种类型：一是成长中经济，二是停滞中经济。成长中经济的特点是，经济状况从当年看也许问题很多，比如失业增加、农民收入增长缓慢、假冒伪劣产品充斥等，但如果放到10年以后再回头看，就会信心大增。我国经济属于前者，1994年的中国经济肯定无法与现在的2004年相比，尽管当年的问题有一大堆，但在发展的过程中都在逐步得到解决。

2009年10月15日，厉以宁在广州作《当前经济形势下金融业的发展契机》专题报告时进一步提出，刹车容易启动难是当前中国经济的一大特点，因为中国经济调整的主动权仍掌握在政府手中。政府认为经济过热了，要降温，一踩刹车，经济马上下来。不过，经济启动的动力却在民间。没有收益，民间资本就不会投资。自己的生活保障不够，民众会运用银行储蓄消费吗？即使消费，他们也只会谨慎消费，消费不足，经济增长自然就下降。厉以宁说，过去十年，中国经济每年都谈结构调整，但为什么进度缓慢，效果不明显？因为为了提高地方经济发展、增加就业，各地就必须加大投资，其结果是造成信贷过剩，相伴而来造成产能过剩和通货膨胀。这种情况反过来导致紧缩信贷，就业压力增大；而为了缓解这种矛盾，又再追加投资，开始新一轮循环。这个困境只有依靠改革才能解决。

2010年7月29日，厉以宁在烟台所作的《中国经济运行》专题报告中再次谈到，中国经济就像一辆行驶中的汽车，刹车容易启动难。中国不但有广阔的市场与投资空间，还有西部大开发、振兴东北老工业基地等战略在实施，在中国的投资、创业余地还特别大，中国经济的发展将会持续下去。中国的通货膨胀存在需求拉动、成本推动、国际输入三种不同类型，通货膨胀固然不利，但更要警惕经济停滞与通货膨胀、失业以及不景气并存的滞胀现象。经济热一点没有问题，但如果经济增速下降过快，就会带来就业压力过大、经济不景气等很多问题。为解决这一问题，国家应更多地扶持小微企业和民营企业发展，这样对解决就业问题和促进经济增长都会效果明显。

经济发展的两大动力

创新，是厉以宁讲得最多的话题。从北京大学的讲堂到全国政协经济委员会的会议，从在地方的报告到企业的论坛，厉以宁总是在孜孜不倦地讲创新。从 20 世纪 90 年代初到现在，厉以宁讲创新的文章和演讲超过 300 多篇（次）。

2015 年 3 月 6 日，在全国政协举办的记者会上，厉以宁就主动适应经济发展新常态、促进经济平稳健康发展回答记者提问时谈到，新常态包含了三个内容：一是增长速度从过去的高速增长到现在逐步走向中高速增长。二是结构要调整。新常态是一个结构调整以后的经济，很多产业要不断升级。三是要寻找新的动力。今后经济增长靠什么？要靠广大人民的创新精神、创业活动。

2015 年 12 月 18 日，在《中国经济周刊》主办的第十五届中国经济论坛上，厉以宁在发表的主旨演讲中谈到，中国经济目前正在进入转折点，经济下滑总会被破解，破解需要的是创新，不仅仅是技术的创新，也包括体制的创新、管理的创新和营销方式的创新。他说，当前国内第三产业产值占比虽然已经超过了50%，但是工业化仍未完成，我国仍处在工业化时期，未来仍需要继续推进工业化。工业化完成的标志是高端的制造业特别是成套装备的制造业居世界领先地位。未来如何完成工业化？首先便是加快创新。其次，必须继续发展第三产业，发展第三产业有助于解决就业问题，现代服务业加传统服务业仍然承担着一大批就业问题的解决。最后，中国的人才结构也需要更新。中国经济未来发展的前景，需要看年轻人在多大程度上参与创意、创业、创新。只要我们在这个方向上走，坚定我们的步伐，重在质量，重在效率，重在新人的培养，就能保持在新常态下中国经济的中高速增长。

改革开放以来，我国民营经济经历了从小到大、从弱到强，不断发展壮大的过程，在这一过程中厉以宁密切关注民营经济发展，努力为民营经济的发展建言献策。在担任全国政协常委期间，他先后参与推动了非公经济“36条”以及非公经济“新36条”的出台，认为民营经济在我国社会主义市场经济发展、政府职能转变、农村富余劳动力转移、国际市场开拓等方面发挥了重要作用，为我国经济改革发展做出了重要贡献。

2012年12月14日，厉以宁在网易经济学家年会上发表演讲时指出，中国经济发展的动力在民间，政府的责任在于发现民间蕴藏的积极性并调动、规范这种积极性。20 世纪 80 年代，从农村土地承包责任制的推行，到乡镇企业的蓬勃发展，再到经济特区的建立，就像在平静的水面上丢下了三块石头。这三块石头激起了层层波浪，推动了中国经济的高速发展，这就是民间积极性的表现。过去曾长期流行三句话：无农不稳、无工不富、无商不活。现在这三句话仍然有效，但还应补充三句话：无民不稳、无民不富、无民不火。中国经济要持续稳定发展，就必须要有大量的民营经济和小微企业，把民间蕴藏的积极性调动起来，这样下一步的经济发展就顺利了。

2019 年 12 月 22 日，《中共中央国务院关于营造更好发展环境支持民营企业改革发展的意见》正式发布。《意见》围绕营造市场化、法治化、制度化的长期稳定发展环境，推动民营企业改革创新、转型升级、健康发展，提出了优化公平竞争的市场环境等一系列有针对性的举措。这是支持民企改革发展领域的首个中央文件。23 日，厉以宁跟我们几个学生谈到，2005 年以来从中央层面先后出台的两个“非公经济 36 条”，到一些部门和地方出台的一系列扶持民营经济发展措施，目标都是强化政策导向，鼓励、支持和拓展民营经济的发展空间。这次出台的《意见》，与此前中共中央、国务院出台的《关于完善产权保护制度依法保护产权的意见》《关于营造企业家健康成长环境弘扬优秀企业家精神更好发挥企业家作用的意见》，形成了一个有机的制度体系，体现了中央一以贯之的坚定不移地发展壮大民营经济的战略决心，也体现了中央致力于为民营经济发展提供更加健全的制度保障、增强民营企业改革发展的坚定信心和用意。

厉以宁说，改革开放以来，中国用短短几十年的时间，走完了一些国家上百年乃至数百年才能实现的跨越式发展，成为世界第二大经济体，经济社会发展取得了举世瞩目的成就。中国经济增长为什么这么快？核心动力其实有两个：一个是民营经济的发展，另一个就是创新。关于民营经济的情况，2018 年 11 月 1 日中央召开的民营企业座谈会已经给予了充分的阐述和肯定。就创新而言，除大量的管理和科技层面的创新外，制度方面的创新更让人印象深刻：从农村家庭联产承包责任制到建立经济特区，从国有企业股份制改革到新型城镇化建设，从林权改革到农村土地确权，从精准扶贫到乡村振兴，从转变经济发展方式到供给侧结构性改革等，无论是民营经济的蓬勃发展，或是各领域创新的井喷，归根结底都是通过调动民间和政府两者的积极性，并且使其相互强化，进而推动了中国经济增长。中国经济在继续前进，对世界的影响力越来越大，一定要回忆这一路是怎么走来的，这样才能把经济建设搞得更好。特别是在供给侧结构性改革、产权改革和保护领域还有很多工作要做，我们一定要登高望远、居安思危、勇于创新、永不僵化、永不停滞。

（原文载《人民政协报》2020 年 1 月 7 日第 6 版）

西方经济学理论与中国经济学创新发展

很少有人知道厉以宁的专业是西方经济学，而他用功最深的也是西方经济学。1951 年考入北京大学后，他学习的主要课程就是西方经济学、经济史和经济学说史。1955 年大学毕业后，他担任北京大学经济系资料员，具体工作是翻译俄文和英文的西方经济史参考资料，从而积淀下了深厚的西方经济学功底。1962 年厉以宁在北京大学经济系开始主讲外国经济史课程，并做了大量的读书和研究笔记作为讲课的参考材料，六年后因故中断。1980 年，北京大学经济系恢复了外国经济史课程，厉以宁又走上讲台，讲课的范围涉及西方经济学、西方经济史、西方宏观经济学说史等，还为研究生开设了经济史比较研究、政治经济学和西方经济史名著选读等课程。讲课之余，厉以宁又写下了大量的读书笔记和研究体会，1985—2015 年相继出版了《西方经济学》《西方宏观经济学说史教程》《西方经济史探索》等 10 部专著。按照厉以宁的说法，一个人任何时候读过的书、思考过的问题、付出过的努力，都没有白费的，最后都会成为他自己的思想。

西方经济学的发展与中国经济学界的责任

厉以宁在北大的课堂上和部分经济论坛中多次谈到，学习西方经济学近300年来的演变历史，不仅有利于我们深入了解西方经济学是怎样一步步变化的，而且还有利于我们对建设社会主义经济学说体系的认识。他认为，西方经济学大体上可分为宏观经济学、微观经济学和制度经济学三部分。西方近现代经济学的形成是同工业化的发展连接在一起的，亚当·斯密是古典学派的奠基人，但他那个时候的经济学还没有门类划分，都是既研究微观经济活动也研究宏观经济活动，还研究制度、伦理、文化方向的问题。

古典学派提出了劳动价值论、分工理论、市场理论等，他们从工业化的实践中总结出，经济发展的绝对均衡是做不到的，只能做到相对均衡，关键是要发挥市场的调节作用，供给和需求是相互依存、相互依赖的。因此，政府的任务主要是制定规则，维护市场秩序，清除经济增长中的障碍。他们还认为，落后企业应该由市场来进行淘汰，而不是政府命令或强制。大卫·李嘉图是古典学派最后一位有影响的领军人物，他一直坚持劳动价值论。到了19世纪与20世纪相交之际，以阿尔弗雷德·马歇尔为代表形成了新古典学派。新古典学派摒弃了劳动价值论，但仍坚持市场调节，反对政府对经济的干预。

新古典学派一直在西方经济学界居于主流地位。直到1929年美国爆发了空前严重的经济危机，失业浪潮也从美国传递到西欧和世界上许多国家，新古典学派却提不出任何有效的政策。约翰·凯恩斯当时也是新古典学派的一员，但他的观点开始发生变化，从新古典学派的相对均衡理论转为非均衡理论的倡导者。他认为在资本主义条件下，需求不足难以避免，所以必须有政府的宏观经济调控，即利用财政政策和货币政策来维持社会经济的稳定。也就是说，在需求不足时，失业率高，这时可以采取刺激需求的宽松的财政或货币政策；在需求过大时，物价上涨，这时可以采取抑制需求的紧缩的财政或货币政策。第二次世界大战结束后，西方经济学中凯恩斯的非均衡理论成为主流经济学说，被许多国家所采纳。

凯恩斯需求调节理论的推行虽然能取得一定效果，但却给资本主义带来不少新的矛盾和难题，于是从20世纪50年代后期起，兴起了以美国芝加哥大学为中心的米尔顿·弗里德曼货币学派。货币学派遵循西方经济自由主义传统，认为充分发挥市场调节作用，就可以使资本主义经济稳定。货币供给一向是经济活动起伏的唯一影响来源，只要长时期内保持货币的中性，就可以通过货币数量的增减，既维持经济增长，又避免通货膨胀。关于失业问题，货币学派认为，经济中存在着自然失业率，失业率和通货膨胀率之间不存在此消彼长的关系，所以凯恩斯的需求调节主张是无根据的，也是无效的。

马克思主义经济学产生在凯恩斯主义和货币学派产生之前。当初写作《资本论》时，马克思阅读了大量重商主义、官房学派、古典政治经济学和庸俗经济学家的著作，阐明了人类社会各个发展阶段上支配物质资料的生产、交换以及与之相适应的产品分配的规律，不仅坚持了古典学派的劳动价值论，而且还创造了剩余价值论。马克思的剩余价值学说揭示资本家剥削的秘密，成为马克思经济理论的基石。马克思论证了资本主义制度下生产社会性和私人资本主义占有形式之间的矛盾，阐明了资本主义积累的一般规律，从而得出了资本主义不可避免地要让位于社会主义的结论。马克思主义经济学是发展的科学，它产生于实践，由实践赋予活力和新的内容，并由实践来检验。中国是社会主义国家，中国社会主义革命和建设实践中出现的新情况、新问题、新政策，都要求有新的解释和新的论述，这就要求中国的经济学界不断把马克思主义经济学推向前进。这是历史赋予中国经济学界不可推卸的责任。

凯恩斯财政赤字无害论的不足

由于我在北大光华管理学院做的是县域财政问题研究，所以厉以宁老师跟我讲得最多的就是财政学领域的问题。他说，财政收支平衡是一国财政的最佳情况，但在国家实际执行财政过程中，经常需要大量的财富来解决大批问题，因此就会出现入不敷出的局面。尤其是在居民消费不足的情况下，政府通常的做法就是加大政府投资，以拉动经济的增长，但这不是长久之计。当一个国家财政赤字累积过高时，对国家的长期经济发展而言，并不是一件好事，日后为了解决财政赤字问题，就只能靠减少政府支出或增加税收。这两项措施，对于经济或社会的稳定都有不良的影响，因此必须把财政赤字控制在一定范围内。

厉以宁经常谈起约翰·凯恩斯的主张。凯恩斯认为资本主义经济的病根在于有效需求不足，很难靠居民或企业的自发调节去解决，而必须要有政府的干预才能实现，所以国家应采用扩张性的经济政策，采取赤字财政来扩大公共投资，提振有效需求，促进就业增长，从而促进经济增长。但2009年以来在欧洲部分国家爆发主权债务危机后，经济学界和一些国家的政府都认识到了赤字财政的不足，长期实施赤字财政不仅可能增加政府债务负担，引发财政危机，而且还容易诱发通货膨胀，对经济社会造成冲击。

厉以宁认为，美国的主流经济学家都是凯恩斯理论的追随者，他们提出的财政收支周期平衡理论（即经济衰退时发生赤字，经济繁荣时再消除赤字）已经破产。因为有三个新情况是凯恩斯当时所没有料到的：一是当时没有政治周期概念，只有经济周期概念。政治周期是指每4年或5年一次的大选，影响着执政党和在野党。任何一个政党在上台执政的前两年都要想法兑现自己的竞选承诺，后两年就得准备下次大选，准备新的承诺。因此，每届政府无论如何都要设法扩大财政赤字。二是社会福利有刚性。福利只能增加不能减少，社会保障支出上去了就下不来。三是国家如果不还债，就不会有人买它的新债，不仅本国人不买，外国人也不买。所以欧盟现在努力将财政赤字控制在 GDP 的 3% 以内的这个做法是合理的。

熊彼特的创新理论需要与时俱进

厉以宁在多个场合谈到过约瑟夫·熊彼特和他的“创新理论”。熊彼特认为，企业家的本质是创新，创新的主动力来自企业家精神。在没有创新的情况下，经济只能处于一种“循环流转”的均衡状态，经济增长只是数量的变化，这种数量关系无论如何积累，本身并不能创造出具有质的飞跃的经济发展。熊彼特还认为，创新引起模仿，模仿打破垄断，从而刺激大规模的投资，引起经济繁荣；但当创新扩展到相当多的企业之后，盈利机会趋于消失，经济就开始衰退，直到新的创新行为出现。整个经济体系将在繁荣、衰退、萧条和复苏四个阶段构成的周期性运动过程中前进。

厉以宁认为，熊彼特虽然歪曲了资本主义经济危机产生的原因，认为是创新浪潮的消逝引起了危机，但他关于创新和企业家精神的论述对西方经济学界影响很大。在信息经济时代，我们必须对熊彼特的创新理论进行再认识。与熊彼特时代相比，现在已经到了工业化中后期，经济发展要素中最重要的创新是信息重组，而非生产要素重组。熊彼特一生都在呼吁将科学发明家和企业家进行完美组合，但是收效甚微，原因就在于发明家跟企业家没有很好地结合在一起。所以政府在创新过程中起到的作用很重要，除了改善投资环境外，政府还应协助企业家解决发明家的顾虑，理顺企业家和发明家之间的关系。企业发展除了要解决好资金问题外，更重要的是要有创意，有创意才有创新，有创新才有创业。可以说，当今市场上不缺资金，缺少的是创意和项目。只要有了创意就不怕资本不来追逐，资金找项目远远重要于项目找资金。这些都跟熊彼特当年遇到的情况是不一样的。此外，创新还需要做好人才工作，创意创新都需要依靠懂技术、懂市场、懂管理的各类人才。所以除了优惠政策外，还要有更好的投资和吸引人才的环境，唯有如此，创新创意才能由小变大并落地生根。

厉以宁讲，创新往前走，经济就增长，经济停滞就因为前一个创新的效率已经使用殆尽，后一个创新还没到。传统经济时代的创新是生产要素的重组，互联网经济时代的创新是信息的重组。所以说，时代在飞速变化，面对日新月异的技术更新和社会发展，观念转变才有创意创新，才有出路。不管是个人还是政府，不管是观念上还是行动上，都应跟上时代的变化。

跟随厉以宁老师从事应用经济学研究7年多，多次听到他在课堂上、论坛中、会谈时行云流水般地讲西方经济学问题，也多次听到他在全国政协常委会的讨论和发言中以及宏观经济形势分析会上卷舒自如地谈对西方经济学理论的一些看法和观点。听得多了，就会感到厉以宁老师心中有一团火在燃烧，他讲的虽然是西方经济学，但他更关心中国经济学的发展，想着的是如何在促进我国经济结构的转型升级方面做出理论新贡献。这段经历和感悟在我的人生中弥足珍贵。

（原文载《人民政协报》2017年11月7日第6版）

道德经济学及其相关问题

道德经济学及其相关问题是厉以宁老师近30年来讲得较多的话题之一。2018年1月，厉以宁在第九届中国经济前瞻论坛的发言中讲到，效率主要分为生产效率、资源配置效率和道德效率三种。他指出，生产效率就是多少投入有多少产出。假定投入不变，产出增加了，就表示效率增加了。生产效率一般被认为是微观的效率，是企业的事。资源配置效率是20世纪30年代后逐渐兴盛起来的。资源配置效率是宏观的效率，资源配置有各种方式，如果改变一下配置方式，效率就增加，这就表示资源配置效率提升了。但这两种效率都是以经济人假设为前提，就是假定人是为自己利益着想，要求以最低成本获得最大收益。经济人假设是西方经济学的理论前提和逻辑基础，但社会人假设却与之相对，认为人们在追求物质需要的同时，能够承担对组织的道德义务和责任，并且能够以道德自律的方式进行自我治理。随着社会人假设的出现，20世纪60—70年代，开始出现了第三种效率，那就是道德效率，以道德为基础所产生的超常规效率。在经济社会发展进程中，我们不仅要重视资源红利、人口红利和发展方式红利，更应当创造社会和谐红利。道德基础是社会和谐的根基，而社会和谐是经济发展的最大红利。

市场调节、政府调节和道德调节

厉以宁认为，效率的调节应该分三种。第一种是市场调节，依靠市场规律来调节。市场调节不够，就靠第二种政府调节。根据法律法规制度，有了政府调节，就有宏观管理。但还有第三种调节，就是道德力量的调节。2016 年 12 月，在网易经济学家年会“展望 2020”主论坛上厉以宁讲：“市场什么时候有的？几千年前的事情，在原始部落之间开始进行了交换，这是最早的市场。政府调节比这更晚，只有有了国家、有了政府，才有了调节。人类社会存在了多久？少说有几万年了，在漫长的岁月中，没有市场就没有市场的调节，没有政府就没有政府调节，但人类社会存活下来靠的是什么？靠的是习惯、惯例、道德理念。”厉以宁认为，经济学经常是谈效率的，始终认为效率很重要，效率有物质技术基础和道德基础，这两种基础是并存的。物质技术基础的效率能够保证大家得到常规效率，但西方经济学解决不了超常效率从哪里来的问题。把效率变成以道德为基础，才能产生超常规效率。厉以宁说："中国的历史经验告诉我们，超常规效率来自效率的道德基础。"抗日战争的时候，遭遇特大自然灾害的时候，万众一心捐款捐物、献血救灾等就是典型的例子。另外，移民社会为什么效率高？比如广东、福建一带的客家人，清朝后期到民国初期闯关东的山东、河北移民，"走西口"的山西、陕西和甘肃人，以及"下南洋"的福建、广东人，就是因为文化把他们凝聚在了一起，有一种团结、友爱和互助精神，超常规效率主要来自道德基础。随着经济发展进入新常态，对效率问题我们也需要重新考察，以便更好地发挥道德调节的作用，将市场经济的负效率逐步降低与减少，努力实现经济社会更好更快发展。

2015 年 1 月，厉以宁在"第二届中国财经领袖年会暨 2014 中国财经年度人物颁奖盛典"上的发言中表示，不仅市场需要道德调节，不然市场就失效了；政府也同样需要道德调节，不然政府调节同样也会失效。市场调节是一只无形的手，政府调节是一只有形的手，道德力量调节是介于二者之间的。道德力量调节首先要靠自律，每一个个体都要自律，无论是企业工作者、政府工作者、教育工作者都必须自律。自律包含了两个方面，一是自我克制、自我约束，知道什么该干、什么不该干，道德底线不能破；二是自我勉励，当一个人遇到挫折遇到困难时，是就此消沉还是奋发起来，这也是自律。自律实际上是在发挥道德力量对个体的约束和激励作用。自律是无形的手，而文化建设是有形的手，比如企业文化建设、校园文化建设、社区文化建设、城镇文化建设等，这些都不属于政府调节，而是道德力量的调节。还有乡规民约，既可以公告等有形的形式显示出来，也可以宗族或家族等无形的形式传承下来。所以，道德的力量的调节在有形无形之间。以后证券市场如果政府不再用审批制，而是用规范的注册制的话，同样不可忽略道德力量的调节，因为道德力量的调节既能使每个人自律，也能使整个的证券市场走向规范，这样中国的股市会发展会更好。我们现在倡导的核心价值观都表明了自律的重要性、表明了道德力量的重要性，国家要走向富强民主文明和谐美丽，这三种调节就都必须有，缺少哪一种都不行。

市场经济和企业效率应以道德为基础

2014 年 4 月，厉以宁在第五届紫光阁论坛上的演讲中谈到，在人类社会漫长的发展岁月中，即使后来有了市场、有了政府，但在一些偏远地方，政府力量也还是难以达到的，市场力量也到不了。这种地方仍然有人居住、有人群生活，为什么？还是道德力量在发挥调节作用。社会生活是个大领域，社会生活领域中，交易行为只是一小部分，很大一部分都属于非交易领域。家庭关系、家族关系、社交关系、街坊邻居关系等，都属于非交易领域。在非交易领域中，社会生活靠什么运转？市场的力量进不去，因为这不是市场活动。政府调节只规定了大致界限，社会生活不能违背法律。但是在多数领域和场合还是道德力量在调节。我国古代有句话："小乱居城，大乱居乡。"小乱，乡下人往城里跑，因为城有城墙，有兵把守，所以乡下人投亲靠友到城里来。大乱居乡，大乱的时候人往乡下跑，跑得越偏僻越好，为什么？因为城市是兵家必争之地，所以跑得越偏僻越好。在古代历史上的很多战乱时期，市场是瘫痪的，起不了作用，政府是无能的，在混乱期间也管不了那么多。但人类社会依然存活了下来，靠的就是道德力量所起的作用。在没有市场调节，也没有政府调节的时候，它是唯一的调节。有了市场以后，必须要有完善的道德力量的调节，这样市场才能更好地起作用，一个没有道德力量调节、没有信用体系的社会是不可能建立起完善的市场经济的。

2016年10月，厉以宁在"北京大学企业家论坛——中国创业者2016峰会暨北京大学全球大学生创新创业中心落成仪式"上表示，道德力量更能够提高企业效率，在当今瞬息万变的社会，企业家一定要有社会责任感和命运共同体的观念，做到严格自律并且积极建设企业文化，只有这样才能提高企业的凝聚力并使企业立于不败之地。他说，既然效率有它的道德基础，那效率的意义就更深远，它能够激励每一个微观经济单位，也就是每一个企业，更好地把资源用好，能够以更少的投入产生更多的收益。所以企业要想提高企业的效率，除了依赖厂房、原料、机器设备等物质技术基础外，还依赖于道德基础。超常规的效率从哪里产生？来自道德理念。企业都希望自己有一个好名声，一个企业家在对待员工时，既要学会管人、用人，也要学会容人，还要严格自律并积极推动企业文化建设，工人会觉得自己在这样的企业中工作很光荣，所以完全有可能在调动员工积极性的情况下来增加正效率。如今社会变化十分迅速，谁都无法预料到50年后的中国会是什么模样。不过，道德力量以及社会责任感却是永恒的，企业家和社会各界应该树立的最重要的观念就是命运共同体的观念，还有道德的观念，只有这样才能更好地促进企业长远发展和创新发展。

道德经济学与中国特色经济学的新领域

道德经济学是以道德经济为研究对象的科学，这一概念虽然在名称上与经济学、伦理学有直接关联，但其提出、发展与完善却是与第二次世界大战后主张关注下层、强调“从下往上看”的新社会史的兴起有密切联系。厉以宁很早就关注道德经济学问题，但他关注的重点却是中国在经历了几十年的高速发展之后，面临经济、社会、环境等方面的诸多挑战，如何走出一条市场规律与道德价值相衔接的发展道路，摆脱经济危机与金融危机产生的根源，实现人与自然、社会、环境的和谐发展。

在1999年出版、2009年再版的《超越市场与超越政府——论道德力量在经济中的作用》一书中，厉以宁谈道：“照理说，道德、伦理问题本身并不是经济学的研究对象，经济学是不专门讨论这一领域问题的，经济学关心的主要问题是资源配置。”但“对资源配置、社会经济运行以及社会生活水平发生作用的，不仅仅是市场力量和政府力量，而且还有习惯与道德力量”。从这个意义上说，“道德规范、伦理标准、是非判断等，不仅在经济生活中有着重要作用，而且在经济研究中也有着重要作用”。所以，经济学研究不能回避道德伦理的研究。道德经济是由多种深层结构性因素所驱动的，它们与信息社会的价值生产方式密切相关，将重新在新市场的开发与拓展、新投资者和新创业者的进入与公共产品的供给等方面发动经济增长的引擎，最终在美德和财富之间建立直接联系。

2016 年 6 月，厉以宁在《人民日报》上发表了《中国特色经济学的建设和发展》一文，提出了农村家庭联产承包责任制、建立经济特区、国有企业股份制改革、从林权改革到农村土地确权、农村新气象和农民创业热、有中国特色的新型城镇化、精准扶贫、经济新常态和转变发展方式等八个方面构成中国特色经济学的内容，认为它是马克思主义经济理论在中国发展创新的重大成果，会继续指导中国现代化建设实践，继续推动中国特色社会主义制度发展和完善，并将随着中国特色社会主义的发展壮大而茁壮成长、开枝散叶。

过了两年之后，厉以宁老师对我们这些学生说，现在看来中国特色经济学还应加上道德经济学的相关内容，我国党和政府所讲的“坚持以人民为中心”“共同富裕”“社会主义核心价值观”等，都是中国特色经济学需要研究的重要内容，在经济治理方面应当综合运用市场、政府和道德这三种力量，这也印证了道德经济诞生的因素蕴含在生产力与生产关系的变革之中的马克思主义观点。因此，在研究中国特色经济学时应纳入对道德经济学问题的研究，这有助于更好地走好中国式现代化新道路。

（原文载《人民政协报》2021 年 8 月 17 日第 6 版）

从五老火锅到“非公经济”36条

改革开放以来，民营经济经历了从小到大、从弱到强不断发展壮大过程。民营经济已经成为推动我国发展不可或缺的力量，成为创业就业的主要领域、技术创新的重要主体、国家税收的重要来源，为我国社会主义市场经济发展、政府职能转变、农村富余劳动力转移、国际市场开拓等发挥了重要作用。在民营经济的发展历程中，人民政协充分发挥自身优势，积极为推动民营经济发展建真言出实招谋良策，做出了自己的独有贡献。

“五老火锅宴”与新中国民营经济发展的起步

自1956年社会主义工商业改造完成以后，“雇工”在我国几近绝迹，“雇工即是剥削”几乎已经成为整个社会的共识。1978年十一届三中全会以后，中国共产党和政府破除所有制问题上的传统观念束缚，开放个体户创业，解禁乡村家庭工业，恢复城乡小商品市场——私营经济开始在中国大陆萌动。

十一届三中全会历史性地决定将党的工作重心转移到“以经济建设为中心”上来，这是新中国成立以来我国历史上具有深远意义的伟大转折，开启了改革开放的序幕。时隔不到1个月，1979年1月17日上午10时，邓小平在人民大会堂福建厅会见了5位老工商业巨子：胡厥文、胡子昂、荣毅仁、周叔弢和古耕虞。这是邓小平1978年3月当选为中国人民政治协商会议第五届全国委员会主席以来的一场重要会见活动，陪同邓小平参加会见的有全国政协副主席、中央统战部部长乌兰夫，国务院副总理纪登奎，国务院副总理、对外经济联络部部长陈慕华，国务院副总理、国家建设委员会主任谷牧等。

邓小平首先介绍了十一届三中全会召开的有关情况，然后开门见山地问五老：“听说你们对如何搞好经济建设有很好的意见和建议，我很高兴。我们搞经济建设，不能关门。对外开放和吸收外资，这是一个新问题，你们要发挥原工商业者的作用。”

邓小平微笑着说：“现在经济建设的摊子铺得太大了，感到知识不够，资金也不足。党的十一届三中全会决定把工作重点转移到社会主义现代化建设上来。过去耽误的时间太久了，不搞快点不行。但是怎样做到既要搞得快点，又要不重犯一九五八年的错误，这是个必须解决的问题。现在搞建设，门路要多一些，可以利用外国的资金和技术，华侨、华裔也可以回来办工厂，吸收外资可以采取补偿贸易的方法，也可以搞合营，先选择资金周转快的行业做起。当然，利用外资一定要考虑偿还能力。”

邓小平还在讲话中表示，党中央对你们寄予厚望，希望大家解放思想，实事求是，有啥说啥，多出主意。

邓小平的一席话，使五老很受鼓舞。五老都是有备而来，事先做过大量的调查研究，与大量工商界人士接触交流过。胡子昂首先告诉邓小平：“当前在党的领导下，出现了一片欣欣向荣的局面和光辉灿烂的未来，这是我们每个人出力效劳的千载难逢的机会。”

邓小平说：“要发挥原工商业者的作用，有真才实学的人应该使用起来，能干的人就当干部。对这方面的情况，你们比较熟悉，可以多做工作。比若说旅游业，你们可以推荐有本领的人当公司经理，有的可以先当顾问。还要请你们推荐有技术专长、有管理经验的人管理企业，特别是新行业的企业。不仅是国内的人，还有在国外的人，都可以用，条件起码是爱国的、事业心强的、有能力的。”

荣毅仁说：“一年多来，虽没公开说，国家已给了我一些任务。只要国家给我工作，我就做，白天、黑夜，什么时候找我都行。我才 60 出头，80 岁前还可做点工作。”荣毅仁又说：“小平同志讲要利用外国资金、华侨资金，确是重要问题。现在英法日联邦德国都要跟我们打交道，因为我们政局稳定。从国际上看，对我们是有利时期。美国大公司来华还有顾虑，外国朋友建议我们邀请大老板面谈，让他们回去讨论，以改变目前的态度和看法。在美国还有许多工作需要去做，可以利用华侨、华裔来做工作。我对外国朋友说，我们有人力，你们有财力，可以合作。”

荣毅仁讲完后，邓小平表示：“搞补偿贸易，有相当的外汇收入，起码广东、福建两个省大有希望，两省在外的华侨很多，江苏、浙江也有。补偿贸易不一定会得到全新技术，搞合营会有全新的技术，因为产品面向市场，需要具有竞争力。要引进国外的先进技术和资金。香港厂商给我写信，问为什么不可以在广东开厂。我看，海外同胞、华侨、华裔都可以回来办工厂企业。国际上资本主义有用的东西，可以拿来为我所用。”

当年邓小平与五老的谈话记录，后来存放在民建和全国工商联的档案室里，《邓小平文选》第二卷《搞建设要利用外资和发挥原工商业者的作用》一文，就是此次谈话的摘要。

不知不觉已到午饭时分，邓小平风趣地说：“肚子饿了，该吃饭了，先到此为止好不好？今天我们聚聚，我请大家吃涮羊肉。”工作人员很快就在福建厅的一角支起圆桌，共两桌。邓小平与五位老人一桌，其他随同人员一桌。白菜、涮羊肉、白水火锅，热气腾腾，其乐融融。吃火锅时，邓小平与五老轻松交谈，不时拉拉家常。邓小平的推心置腹和殷切期望，萦绕在每个人的脑海。古耕虞事后回忆这顿意义非同寻常的午餐是“一只火锅，一台大戏”。这就是著名的“五老火锅宴”，成为全国政协和工商联界的一段佳话。

当年6月15日，邓小平在全国政协五届二次会议的开幕词中更加明确地指出；“我国的资产阶级原来占有的生产资料早已转到国家手中，定息也已停止13年之久。他们中有劳动能力的绝大多数人已经改造成为社会主义社会中自食其力的劳动者。”随后，中共中央批转了《中央统战部等五部门关于对原工商业者的若干具体政策的规定》，明确提出对原工商业者不再称呼“资本家”“资产阶级工商业者”，对于在职的原工商业者，政治上应与干部、工人一视同仁。民营经济地位由此得到肯定，同时也开启了国家从政治层面支持个体、私营和外资经济发展的序幕。

厉以宁与推动“非公经济36条”的出台

2003年“两会”期间，刚刚当选为全国政协常委的厉以宁等几位经济委员会副主任提出，应该将促进“非公有制经济”发展列为全国政协经济委员会当年的调研重点。因为此前中央文件中尚未正式出现“民营经济”的提法，厉以宁等建议调研课题还是以选用“非公有制经济”这六个字比较稳妥。7月7日，全国政协经济委员会“促进非公有制经济发展”专题调研组成立，并被列为当年和翌年全国政协的10项重点调研之首。厉以宁被任命为调研组长，经济委员会副主任邵奇惠、郑家纯、刘永好为副组长，决定分两路深入广东省的深圳、中山、珠海市和辽宁省的沈阳、大连、鞍山、营口、鞍山市进行实地调研。

11月9日至16日，厉以宁率全国经济委员会调研组深入广东调研，每到一地除深入调研非公有制企业外，还分别召开了与政府相关部门的座谈会、与非公有制企业家代表的座谈会等。在广泛深入了解社会各方意见的基础上，调研组在珠海市召开了内部总结会，对调研中了解到的情况和问题进行了深入分析和研判。厉以宁在发言中总结归纳了民营企业面临的四大问题：一是市场准入难，许多领域进不去；二是融资难、融资贵问题突出；三是税费负担比较重；四是合法权益得不到充分保障。并据此提出了四项建议：深化金融体制改革，拓宽融资渠道；改革和完善税制，切实减轻非公有制企业的税负；加强政府部门之间的整合与协调，提高政策透明度；以及尽快制定保护私有财产权的相关法律等。

2004年1月30日，全国政协经济委员会正式向中共中央、国务院上报了调研报告，厉以宁就调研报告相关问题给时任国务院领导写了一封信附上。2月13日，国务院领导在原信上批示说，促进非公经济发展，应有一个通盘考虑，着手研究一些重大的政策性问题，形成一个政策性指导文件，并要求国务院有关部门就此问题拿出意见。之后，由国务院研究室牵头，国家发改委中小企业司和宏观经济研究院为主，吸收国家税务总局、财政部、商务部、人民银行、国土资源部、科技部等24家中央政府部门的有关机构参加，组成了一个促进非公经济重大政策专题工作组，“非公有经济 36 条”进入了正式制定阶段。随后，有多位调研组成员和经济委员会委员参与“非公有经济 36 条”的调研制定工作。

3 月 7 日，在全国政协十届二次会议上，厉以宁代表全国政协经济委员会做了《当前非公有制经济进一步发展亟待解决的几个问题》的大会发言。厉以宁说，中国的非公有制经济正逢历史上最好的发展时期，但在体制障碍扫清之后，计划经济时期那种“一大二公”的倾向仍然存在，一些政府部门扶持国有企业或规模大的非公有制企业轻车熟路，却往往忽视了对众多中小型非公有制企业的服务，在工作中“锦上添花”多，“雪中送炭”少，要真正为非公有制企业“松绑”，必须加快政府职能转变。厉以宁还提出，1994 年实施的财税制中某些规定已不符合非公有制经济发展的实际，存在税率过高、税负过重、重复征税等弊端，部分社会舆论存在对非公有制企业和企业家的歧视现象，不利于社会的稳定和进步。建议清理过时的税制规定，切实减轻企业的税收负担，引导社会正确看待私有财产，正确认识有产者，只要是合法经营所得的私有财产都应该得到保护。

在3月9日举行的全国政协十届二次会议中外记者招待会上，厉以宁、刘家琛、孙安民、杨崇春和王玉锁等委员就“大力发展和积极引导非公有制经济”问题回答记者的提问。当有记者问，如何评价经济发达地区的非公有制经济已经成为当地经济发展的主体，提供和创造的税收和就业机会比重越来越大时，厉以宁回答说，评价非公有制经济要从两个角度来看，一是企业的角度，二是国民经济整体的角度。从企业的角度看，既然允许民营经济进入过去禁止进入的领域，竞争必定会加剧，一些效益不好的公有制企业关停并转是正常现象，这和一些非公有制企业效益不好被淘汰一样。从国民经济整体来看，第一要毫不动摇地巩固和发展公有制经济，第二要毫不动摇地鼓励和支持引导非公有制经济发展。非公有制经济发展对公有制经济发展是有利的，非公有制经济进入竞争领域后，促使公有制企业产生了紧迫感，必须依靠技术创新、改革才能提高效率，这对长远发展公有制经济是有利的。此外，公有制的形式可以是多样化的，股份制是公有制的主要实现形式，民间资本的介入实际上意味着混合经济的形式正在发展。所以非公有制经济的发展，可以促进公有制经济的进一步巩固和加强。

9月27日，根据全国政协领导的批示要求，全国政协经济委员会邀请国务院研究室和国家发改委等文件起草组的负责同志座谈文件起草情况，“非公有制经济”专题调研组成员和部分经济委员会委员参加。委员们针对文件起草组介绍的《关于促进非公有制经济发展政策性文件框架思路》展开讨论，并提出了一些修改意见，大部分建议得到采用。11月12日，国务院研究室和国家发改委将征求意见稿发送到有关单位，厉以宁和经济委员会的相关委员再次通读全稿并就个别条文提出修改意见。

2005年1月12日，温家宝主持召开国务院常务会议，讨论并原则通过《国务院关于鼓励支持和引导非公有制经济发展的若干意见》。会议认为，公有制为主体、多种所有制经济共同发展是我国社会主义初级阶段的基本经济制度。毫不动摇地巩固和发展公有制经济，毫不动摇地鼓励、支持和引导非公有制经济发展，使两者在社会主义现代化进程中相互促进，共同发展，是必须长期坚持的基本方针。2月24日，国务院正式对外公布了《国务院关于鼓励支持和引导个体私营等非公有制经济发展的若干意见》（简称“非公经济36条”）。“非公经济36条”按照党的十六大、十六届三中和四中全会精神及宪法修正案要求，着力消除影响非公有制经济发展的体制性障碍，确立平等的市场主体地位，明确提出了今后一个时期鼓励、支持和引导非公有制经济发展的总体要求，从放宽非公有制经济市场准入、加大对非公有制经济的财税金融支持、完善对非公有制经济的社会服务、维护非公有制企业和职工的合法权益、引导非公有制企业提高自身素质、改进政府对非公有制企业的监管、加强对发展非公有制经济的指导和政策协调等七个方面具体提出了促进非公有制经济发展的重要政策措施。这是新中国成立以来国务院出台的第一份以非公有制经济发展为主题的纲领性文件，让非公经济成为当年“两会”上和社会各界最受关注的话题之一。

“新非公经济36条”与全国政协对民营经济发展的持续关注

2010年3月4日，在时任国务院总理温家宝出席的政协经济界、农业界委员联组会议上，厉以宁在发言中提出，“‘非公经济36条’已经公布5年了，但是民营企业‘非禁即入’的原则，仍未得到贯彻落实”，对民营企业投资领域的行业准入问题不仅牵涉到公平以及市场主体中的公平竞争，而且关系到保证市场规律配置资源的地位的前提下，如何避免政府陷入投资怪圈的问题。厉以宁提出，应明确划分政府、国有资本投资进入的边界，“所有竞争领域内的投资行为，政府都不应该主导，应该交由市场解决，市场、企业按照利润预期，决定自身的投资行为，然后自己承担风险”。温家宝当即做出回应表示，要着力解决民营资本在投资领域所遭遇的“玻璃门”“弹簧门”“旋转门”问题。

3月24日，温家宝主持召开国务院常务会议，研究部署进一步鼓励和引导民间投资健康发展的政策措施。4月底，由厉以宁牵头的全国政协经济委员会调研组就保障民间投资权益问题在广东调研，并在珠海召开了调研座谈会，根据各方意见，厉以宁主持起草了建议在国有企业和民营企业两者的关系问题上坚持一视同仁，做到权利平等、机会平等和规则平等，以及提高政府的公信力、严格依法办事的报告，得到了有关部门的高度重视。

2010年5月7日，国务院正式出台了《国务院关于鼓励和引导民间投资健康发展的若干意见》。该意见也被称为“新非公经济 36 条”。《意见》提出要进一步拓宽民间投资的领域和范围，允许民间资本兴办金融机构，鼓励和引导民间资本进入基础产业和基础设施领域，推动民营企业加强自主创新和转型升级，鼓励和引导民营企业积极参与国际竞争，为民间投资创造良好环境等。这是改革开放以来国务院出台的第一份专门针对民间投资发展、管理和调控方面的综合性政策文件，既是应对国际金融危机、稳固经济可持续发展的基础的迫切需要，也是坚持和完善社会主义初级阶段基本经济制度、完善社会主义市场经济体制的长久之策。

“新非公经济 36 条”出台后，全国政协为推动由各部委主导的相应细则应早日出台，以解决好制约民营企业发展的市场准入、融资困局等问题，又连续两年开展了后续跟踪调研。

2012 年 2 月 21 日，国家发改委召开由 45 个部门参加的会议，部署落实“新非公经济 36 条”实施细则制定工作，明确要求在上半年制定出台相关细则。此前一周，在国务院召开的座谈会上，温家宝说，推进垄断行业改革是经济体制改革的重要任务，要促进民间资本进入金融、能源、交通和社会事业等领域，推进“新非公经济 36 条”的落实工作。至 7 月，《关于鼓励和引导民间资本投资公路水路交通运输领域的实施意见》《国务院关于鼓励和引导民间投资健康发展的若干意见》等 42 项民间投资实施细则全部出台。

（原文载《纵横》2019 年第 8 期）

发展并保有实体经济的重要性

实体经济是立国之本，也是财富之源。做大做强实体经济，不仅能增加有效供给，还能有效提供就业，保障和改善民生。厉以宁担任全国政协常委期间，对我国发展并保有一定规模实体经济的重要性进行了深入论述，并积极为发展壮大实体经济把脉开方。他多次谈到，中国经济是靠实体经济起家的，振兴实体经济是中国供给侧结构性改革的重要任务，无论今后经济发展到什么程度，实体经济都是中国经济发展以及在国际经济竞争中赢得主动的根基。

经济发展的着力点要放在实体经济

厉以宁认为，对中国经济来说，要摆脱经济脱实向虚和“资产泡沫怪圈”的出现，在经济实践中就要旗帜鲜明地支持实体经济的发展。制造业是实体经济的主体，对于中国这样一个大国而言，如果没有强大的、高质量发展的制造业，工业化和现代化的奋斗目标就难以实现。而且制造业的价值链长、关联性强、带动力大，能为农业、服务业提供原料、设备、动力和技术保障，在很大程度上决定着现代农业、现代服务业的发展水平。所以在新形势下，必须采取有力措施，努力推动信息技术和实体经济深度融合发展，使之成为经济发展的基础和动力。

2009 年 4 月，厉以宁在中央电视台的中国经济信心之旅专题节目上的报告《当前宏观经济形势的分析》中讲到，受国际金融危机的影响，我国经济主要是实体经济受到了冲击，因为近些年中国经济的出口依赖度比较大，再加上出口的很多产品都是劳动密集型产业，一旦出口遇到问题，就会对实体经济产生冲击。长期的经济增长，掩盖了我们经济结构的矛盾，拖延了产业升级的时间，所以导致我们在受到金融危机的冲击以后，主要是对国内的实体经济发生了影响。因此必须推动产业转型升级，实现节能减排，提高经济增长的质量和效益。

2017 年 11 月 10 日，厉以宁在北京大学“十九大与社会主义现代化国家”理论研讨会上的发言中讲到，随着我国经济从过去数量型和速度型的发展方式向质量型和效益型发展方式转变，必须以供给侧结构性改革为主线，把发展经济的着力点放在实体经济上，把提高供给体系质量作为主攻方向，坚持质量第一、效益优先，不断增强我国经济创新力和竞争力，这样才能显著增强我国经济质量优势；必须把实现科技创新、绿色低碳、共享经济、现代供应链、人力资源服务等领域作为新增长点来培育和发展，这样才符合经济发展中供需动态平衡的格局。

2017 年 12 月 2 日，厉以宁在 2017 腾讯风云演讲暨原子智库年会的开幕演讲中提出，制造业对我国经济发展的重要性不言而喻，如何使中国制造成中国“智”造和中国“质”造？关键还在于供给侧结构性改革。实体经济发展起来需要人才、新的营销观念、新的管理理念等，这些问题不是简单说说就能实现。需要思考如何把农村中的营销问题跟农业产业化、农业现代化结合在一起。如果不走创新这条路，生产出来的东西如果卖不出去，经济就会陷在不好办的格局中，工业要转型升级、农业要脱贫致富、服务业要提质增效，除了在产品设计和质量上下功夫外，还要在营销方面下功夫，打造真正的国际品牌，把具有中国特色的高质量产品推向国际。

发展实体经济重在创新

厉以宁谈到，我国制造业的规模虽居世界第一，但与发达国家相比，依然存在大而不强、全而不精的问题，低端供给过剩与中高端有效供给不足并存，质量效益不高、核心竞争力不强的短板明显。而西方发达国家在高端技术方面对我们的封锁与打压愈演愈烈，解决这一问题只能靠自主创新。

2012年1月，他在《国际竞争和中国制造业的前景》的演讲中谈到，我们今天的制造业总量也不算小，可是真正重要的是制造业的结构。国际竞争力主要不在制造业的总产值，而在制造业的结构。制造业的核心问题是创意，发展制造业的创意要敢于想别人不敢想的、还没想到的新产品。有了创意才能有创新，制造业的创意是最重要的。为什么要有国有企业？因为国有企业能够自觉实现国家的发展战略，而民营企业要实现国家发展战略，就要有政策引导，这样民营企业会走上符合国家发展战略的路。发展制造业要高度重视自主创新。20世纪90年代末，我国的彩电、照相机已经位居世界前列，每年大量出口，但这个时候我们的自主创新没有跟上去；21世纪来临后，平板、液晶彩电等代替了传统显像管彩电，数码相机代替了传统的光学照相机，我们就落到后边了，现在还在追赶。所以发展制造业方面一定要立足价值链高端，这样产品附加值才高，不然辛辛苦苦做的低端产品，虽然也是制造业，可是却处于价值链的末端，抗风险能力和赢利能力都不高。

2012年3月12日，厉以宁在接受中国广播网的专访时谈到，中国的实体经济是有发展前景的，尽管虚拟经济有其重要性，但实体经济是前者的基础。自主创新主要应当在实体经济领域内进行，比如制造业。随着经济结构的逐步调整和自主创新的发展，会有更多实体经济企业走到市场竞争的前列。现阶段，一些民间资本不愿进入实体经济领域，部分原因是做实体经济难以取得很好的效益。那么，如何让实体经济获得更多的利润，从而得到进一步的发展？解决的方法只有加强自主创新，并且改进营销方式，这样才能获得更多的利润。

2018 年 1 月，在中国企业投资协会组织的实体经济与创新论坛上，厉以宁再次谈到经济结构比总量更重要的观点。他说，没有经济结构合理化就根本谈不上工业化，创新是解决结构性失调的最重要的途径，新时代的实体经济必须高度重视创新。2008 年的国际金融危机促使美国重视制造业，启动了再工业化发展战略。美国的再工业化是对去工业化的否定，但也并非回归传统的制造业，而是走一条新型的制造业之路。我们也要在高端数控机床、工业机器人、智能家电、清洁能源、机电设备、电子计算机等产业方面坚持创新引领，强化科技支撑，以保持我国制造业的全球竞争优势。

2021 年 2 月文史出版社出版的《实体立国》一书，收录了厉以宁在担任第十至第十二届全国政协常委期间倡导实体经济、为实体经济把脉的研究论文和演讲稿等。其中，厉以宁在《自主创新和产业升级：中国制造业的必由之路》一文讲到，自主创新和产业升级都依赖于企业。不管是国有企业、国家控股企业、民营企业还是各种混合所有制企业，包括位于价值链低端的劳动密集型中小企业，它们都承担着自主创新和产业升级的任务和责任。政府起着规划者、引导者和协调者的作用，应当严格按照产业政策给予相关企业帮助，并按公平竞争原则来对待每一个企业。

发展实体经济的主体是企业

厉以宁多次谈到培育一支适应产业结构演进与制造业高质量发展的企业家队伍的重要性。企业家是推动实体经济高质量发展的重要支撑，新技术革命背景下的企业家不仅要具备相关领域的行业知识和技能，还要具备较强的企业家精神和创新能力。政府要采取鼓励措施，引导更多优秀企业家向实体经济汇聚，构建公平竞争的市场环境，让市场机制在淘汰落后产能、协调供需平衡、激励企业不断提升效率和推动制造业转型发展等方面发挥决定性作用，为企业发展营造更好的环境和氛围。

2009 年 4 月，厉以宁在南京所做的《当前的宏观经济形势》主题演讲中谈到，发展实体经济的主体是企业，所以要大力扶植企业发展。扶植企业有两重含义，一是扶植优质企业，二是扶植中小企业。优质企业要扶植，中小企业也要扶植，包括劳动密集型企业。因为在当前的中国，承担了就业任务的主要是劳动密集型企业，解决就业的主要是他们。作为人口大国，我们绝不能忽视劳动就业这个问题，也就是说不能放弃劳动密集型企业，需要大力发展中小企业来解决就业问题。企业家尤其是民营企业家应该有发展实体经济的信心，中国的民营企业从来都是在夹缝中拼搏走出来的，市场是靠新产品、新技术、新功能来扩大的，信心扩大了，市场就会扩大。对于企业来说应该做到八个字：做精、做强、做稳、做大。做精就是在本行业当中做出自己的特点，如果不做精就没法做强，不做稳就没法做大。站得高才能看得远，企业既要在资金方面有所储备，更要有新产品、新技术方面的储备，这样在未来的国际经济竞争中，才能够占领制高点。

2014 年两会期间，厉以宁在经济界委员小组的谈论发言中谈到，回归实体经济，最重要的一点是要有信心。近年来，有一种论调影响了我们的企业家，即我国的人口红利已经没有了，资源红利也就是土地都用得差不多了，改革开放之初的政策红利也快用完了。因此一些实体经济领域的企业家感到利润空间在逐步缩小，导致一部分人信心不足，将企业转移到比我们晚发展的国家去了，比如越南、柬埔寨、印尼等，因为在那里还有大量的廉价劳动力。还有一部分人把资金转到了虚拟经济领域。对这些问题，一定要有新的认识，我们新的人口红利、资源红利、改革红利正在产生。大量的技工、高级技工已经成长起来，将来还会转入专业人才时代，新的人口红利正在产生。在资源红利方面，新的资源红利主要在科学技术上，只要有科学技术方面的投资，就会产生新的资源红利，比如新能源、海水淡化等。而在改革红利方面，需要有新的改革措施，新的改革措施出来以后，人口红利、资源红利自然就会不断产生。

2018 年 6 月 19 日，厉以宁在北大光华管理学院中国 REITS

论坛启动仪式上发表了《培养更多的新型企业家》的开场主旨演讲。他表示，企业家的培养光靠企业家精神是不够的，企业家精神必须跟实体经济结合在一起。“失败是成功之母”是旧观念。如果没有新的思路，上一次的失败只会导致再一次的失败，只有通过创新，只有改变思路，才有可能实现成功。只有加大对知识产权的保护，才能更好地保护企业家的发展，也才能培养更多优秀企业家出来。在国际市场上，只有中国制造业企业、中国制造业产品、中国制造业品牌，而不分国有企业还是民营企业，只有这样，才能加快制造业向高端、智能、绿色、服务方向的提质增效和转型升级。

金融支持实体经济发展

厉以宁认为，实体经济的发展离不开金融支持，加大金融对重点发展领域的支持，比如对高端装备制造业、高新技术产业以及节能环保等具有大量金融需求的行业，有助于推进整个经济结构的转型升级。

2007 年 4 月，厉以宁在全国政协经济委员会召开的调研座谈会上提出成立科技银行的建议，认为科技银行能够更好地帮助企业自主创新，让科技型的企业得到进一步发展，这是关系到将来制造业发展最要紧的一个措施。另外，也可以积极探索专门发行科技债券，允许搞科技的企业发，也可以由国家发，还可以由科技银行来发，专门用来帮助科技型企业来搞自主创新。两年之后，厉以宁在南京的一场经济报告会中再次谈到了成立科技银行、发行科技债券对制造业发展的重要性。国际金融危机对各国经济的冲击，实际上是一次国际经济大洗牌，为了将来在国际上能立得住、有更大的市场和竞争力，自主创新就显得特别重要。新经济等于技术创新加资本市场，没有资本市场技术创新的效果是小的，有了资本市场，技术创新的效果就能放大，实体经济的发展就能更好。

2009 年两会期间，厉以宁在经济界委员小组讨论和接受记者采访时就“怎么扶植优质企业”谈道：一是政府可以采取注资的形式帮助优质企业，政府的注资可以采取优先股的形式，而不是采取普通股的形式。这种情况之下企业不用付还利息，如果企业将来发展得好了，政府可以卖出股份获得收益，对企业和政府来说，都有好处；二是允许企业以融资兼并的方式来收购其他企业，这对优质企业的重组和壮大有好处；三是可以考虑采用国外换股的方式，即优质企业准备去收购别的企业，不靠银行贷款、不靠融资，也不靠国家注资，而是把自己发行的股票交给准备收购企业的股东，这样就变成收购企业的股东了，这就是换股。优质企业的发展，最重要的不在于给贷款，也不在于给补贴，而在于给订单、给市场。没有订单、没有市场，企业再好，也很难竞争过国外企业。优质企业发展起来以后，我们的产品在国际竞争中就能处于优势地位。

2012 年 12 月 9 日，厉以宁在中国经济周刊和国资委新闻中心联合主办的第十二届中国经济论坛表示，虚拟经济准入门槛低，炒股、炒房子、玩地产、玩金融都行，退出也容易；而实体经济领域准入门槛高，要进入不容易，要退出也比较难。改革在很多方面都是要调动民间的积极性，民间积极性一调动，总的经济就起来了。所以实体经济的回归，很重要的是要给实体经济以金融支持。对于到国外去投资、转移企业，现在也要有新的认识，既然我们过去是以低端产品出口为主的，所以自然是劳动力工资越低越有竞争力；现在转移到国外把低端产品生产出来，然后再回到国内深加工，不也一样吗。

2019 年 11 月，厉以宁在《北京日报》上发表《金融领域新开放需要勇气和耐心》一文谈到，世界经济发展实践表明，实体经济是国民经济的基石。无论是拉美国家的债务危机，还是 1997 年的亚洲金融危机，或是 2008 年的国际金融危机，都有一个共同原因，即国家或地区的金融发展创新严重脱离了实体经济，导致金融业过度自我服务、自我循环。金融内生于实体经济部门，实体经济部门所拥有的金融权是金融体系的一个基础性构成部分。从这个意义上讲，金融根植于实体经济部门，一旦金融脱离了实体经济，金融泡沫的产生便在所难免。因此金融业加大对外开放，本质是要求进一步提升金融服务实体经济的能力，为实体经济转型升级提供更有效率的金融服务。

厉以宁多次讲到，要坚持大力发展第三产业和继续推进工业化并重。因为我们还没有完全实现工业化，一个国家实现工业化主要看高端的、成套装备的制造能力，高端的成套装备生产在经济中应该占据突出地位，我们离这个目标还有一些距离。制造业要认识到自己面临的压力，要想方设法缩小与西方发达国家在高端制造方面的差距。在这个过程中，金融要发挥自身的作用，通过加大直接融资的力度，推进资产证券化以及支持相关企业以引进来和走出去等方式去促进制造业的升级发展。同时，也可以通过融资产品的创新，为制造业提供更好的金融服务。我们一定要有背水一战把中国的制造业搞上去的决心和行动，让制造业更好地在中国经济高质量发展中发挥自身应有作用。

（原文载《人民政协报》2022 年 4 月 12 日第 6 版）

混合所有制是我国经济发展的趋势

厉以宁长期关注和研究混合所有制经济改革。20世纪90年代我国提出混合所有制经济改革方案，目的是引入民间资本促进生产力发展。1992年10月召开的中共十四大，首次明确提出市场经济体制改革的目标是建立社会主义市场经济体制，认为转换国有企业经营机制是改革的中心环节。1993年召开的十四届三中全会通过的《关于建立社会主义市场经济体制若干问题的决定》，明确了建立现代企业制度的目标和步骤，首次提出了“财产混合所有的新的财产所有制结构”。此后，中共十五大、十六大、十六届三中全会、十七大等报告中均有“混合所有制经济”的相关论述，十八大报告中则对公有制经济和非公有制经济发展的关系作了全面阐述。十八届三中全会更是提出，要完善产权保护制度，积极发展混合所有制经济，推动国有企业完善现代企业制度，支持非公有制经济健康发展。在这一过程中，以国企改革为中心的市场经济体制改革稳步推进。厉以宁认为，国企改革的重点，就是更大程度上的市场化改革。只有混合所有制经济，才能更有效地放大国有资本的带动力、发挥影响力；股权结构并不是国有资本越多越好，混合制经济重在资本的控制力，而非存量。

混合所有制是中国社会主义经济理论的重大创新

2006 年 4 月，厉以宁在应邀参加贵州省非公有制经济代表人士第 32 次联谊活动时提出，混合所有制是中国经济的发展趋势，从长远来看国进民退、民进国退都不是经济发展的目标，我们的目标是共赢。但是共赢需要改革，制度需要创新。在国有企业这方面，主要是国有资本体制的改革，逐步过渡到通过管资本使得国有资本发挥更大作用，而不是直接管企业；在民营企业方面，要鼓励其参股国有企业，甚至控股混合所有制企业。中国经济应该是国有经济与民营经济并行发展。在这一过程中，民营经济不断壮大，国有资产不断增值。除了少数行业是国家独资和控股以外，混合所有制应该是今后发展的趋势。

2013 年 4 月 17 日，全国政协经济委员会召开“促进国企、民企协调发展——优化企业发展环境协商座谈会”。作为会议主持人，厉以宁在会议开始时开宗明义地讲道：“过去开企业座谈会都是国企和民企分开的，今天全国政协经济委员会进行了新的探索，将你们请到一起开，主要是为了集思广益、群策群力，实事求是地协商和讨论怎么使国企、民企共同发展，达到双赢的目的。”与会人员的共识是，近些年来国企与民企都取得了长足进步，双方应通过共融共生、协调发展，把老蛋糕做大，把新蛋糕再做强再做大。厉以宁在总结讲话中指出，国企、民企要协调发展，就必须在产业链的完善、协调角度开展广泛合作，深化股份制改革，在推动投资主体多元化中深度融合；国企要加快改制，吸收民企优点，民企应关注新技术，建立现代企业制度，这样两者的合作才能更好，中国经济才能发展得更平稳更健康。

2014 年 11 月，厉以宁在他主编出版的《中国道路与混合所有制经济》一书中提到，混合所有制经济的建立和发展是中国社会主义经济理论的重大创新。建立和发展混合所有制经济基本上可以归纳为以下四个途径：一是鼓励现有的国有企业走向混合所有制；二是鼓励发展非公有资本控股或参股的混合所有制企业；三是加强员工持股的规范化；四是界定不同行业的国有企业功能，针对不同行业特点提出改革措施。

厉以宁认为，混合所有制作为我国基本经济制度的重要实现形式，是对中国特色基本经济制度的进一步发展，在产权多样化的基础上，建立股东会、董事会、监事会相互协调的企业制度，实现我国企业制度的国际接轨。国有资本可以根据需要实施绝对控股、相对控股、参股，也可以实行优先股、特权偿还股等形式，解决长期以来的体制弊端，以确保社会公共利益，而非公有制经济也可以通过与国有企业交叉持股实现优势互补，使企业逐步成为资本所有者与劳动者的联合体，这将对未来中国经济产生深远影响。

提高国有资本配置和运行效率

厉以宁多次提出，国有资本体制改革应该从两个层次考虑，一是国有资本的配置，二是国有企业的管理体制。在国有资本的配置上，政府有关部门应停止直接管理企业，而通过设立国家资本投资基金提高资本的配置效率。如果扶持一个产业的发展，就增加股份；如果产能过剩，就撤出股份。这种做法比直接干预企业的效果更好。

2013 年 11 月 12 日，中共十八届三中全会通过了《中共中央关于全面深化改革若干重大问题的决定》，对社会主义经济理论中有关混合所有制经济的地位、性质和作用做出了更加明确的表述，首次提出组建若干国有资本运营公司；强调完善国有资产管理体制，以管资本为主加强国有资产监管，改革国有资本授权经营体制，把发展混合所有制经济作为我国基本经济制度的重要实现形式。

11 月 16 日，厉以宁在其新书《中国经济双重转型之路》的出版发布会上，呼应三中全会《决定》的内容，再次提出应设立国家资本投资基金，推动国有资本体制改革。他说，国有企业改革准确地应该叫“国有资本体制改革”，改革开放以来，我们侧重于国有企业管理体制改革，但国有资本配置体制改革这一层面被忽略。因此，当前改革应该是两方面同时进行，且重点应放在资本配置上。

厉以宁认为，混合所有制经济改革是一项事关国家经济全局的重大战略措施，其目的就是要提高国有资本配置和运行效率，增强国有经济的活力、控制力、影响力和抗风险能力，主动适应和引领经济发展新常态，实现各种所有制资本取长补短、相互促进、共同发展。推进国企混合所有制改革过程，有利于企业产权清晰，有利于推进国有资产监管方式以及监管机构的改革，真正实现从“管人管事管资产”到“以管资本为主”的转变，从而也有利于国企和民企的进一步拓宽与发展。

混合所有制助推国企民企比翼双飞

厉以宁认为，在发展混合所有制经济方面，国企民企应比翼双飞。贫困地区尤其需要发展民营经济，因为贫困地区与发达地区的最大差别就在于民营企业发展晚、规模小，只有民营经济发展起来了，混合所有制经济才有坚实的基础。

2013 年 12 月 11 日，厉以宁在北京举行的 2013 年央视财经论坛上表示，十八届三中全会中一个新的突破，就是提出“混合所有制经济是基本经济制度的重要实现形式”，这一理论打破了过去“非公有即私有”的二分法。国有企业要能够向混合所有制方向发展，领域敞开，门槛降低，民营经济准入，同时也欢迎民营企业参股。“我们希望在中国的经济发展过程中，国企跟民企能够共赢、双赢。”国企和民企共赢是有条件的，那就是企业必须成为真正的市场主体。

12 月 25 日，厉以宁在第十三届中国经济论坛上发表演讲说，贯彻落实十八届三中全会精神，发展混合所有制经济是实现我国基本经济制度的重要实现形式，无论对国企、民企都有极大的意义。当然民营企业同样也需要改革，包括观念的转变，要从小业主的思想变为现代企业家的思想，发展的方式要实现从重数量扩张到重效益质量的转轨，管理体制也要实现由家庭制、家族制向产权清楚的股份制的转轨。

那么混合所有制建立以后有什么好处？2013 年 12 月 5 日，厉以宁在他的英文著作《非均衡的中国经济》首发式上说，国有资本、集体资本、非公有资本等交叉持股、相互融合的混合所有制经济，有利于国有资本放大功能、保值增值、提高竞争力。允许混合所有制经济实行企业员工持股，形成资本所有者和劳动者利益共同体。民营经济也将可以收购、兼并国企，这不仅有助于提升企业活力，也有助于“走出去”——在对外投资时，纯粹的国企往往会遇到他国的种种阻力，而混合所有制经济就比较容易被接受了。

2014 年 3 月，厉以宁在接受中国企业报的专访时总结了建立混合所有制的好处。他同时建议，大部分国企、民企都可以走混合所有制的道路，应该是国有、民营以及二者之间存在的混合所有制经济三分天下，一起跟上世界经济两大趋势——工业化和信息化融合、制造业和服务业融合，乃至引领世界科技发展新方向，掌握新一轮全球科技竞争的战略主动权。

发展混合所有制经济应重视解决的几个问题

2015 年 9 月，中共中央、国务院印发了《关于深化国有企业改革的指导意见》，提出稳妥推动国有企业发展混合所有制经济；鼓励非国有资本投资主体通过出资入股、收购股权、认购可转债、股权置换等多种方式，参与国有企业改制重组或国有控股企业上市公司增资扩股以及企业经营管理。

2015 年 12 月 19 日，厉以宁在第十七届北大光华新年论坛上发表主旨演讲时讲到，当前有必要讲清楚讲透彻建立混合所有制的好处，要培育一些混合所有制的成功案例并进行宣传。此后一直到 2019 年，厉以宁数次谈及混合所有制经济。他说，不是所有的国企都要搞混改，适合的就搞，不适合的就不搞。国资与民资的混合大体可分三种情况，一是一般竞争类企业，应该放手让民营企业参股甚至控股；二是公益类企业，一般以国有为主，民营企业可以参股；三是少数事关国计民生领域的企业，则主要以国资为主，对民企可以视情况逐步开放。

厉以宁提出，有几个问题必须澄清：一是投资主体多元化并不等同于混合所有制企业的建成。投资主体多元化只是最初的一步，关键在于建立完善的法人治理结构。二是国有资本减持不等同于国企实力的减弱。国有资本的实力在于国有资本的控制力，在股权相当分散的条件下，国有股减持到相对控股的程度，实际上意味着国有资本的控制力增大了，因而有利于提高国有资本的资源配置效率。三是国有资本减持、国有企业重组并不等同于国有资产私有化。改制过程中，一切按法律法规、规章制度执行。

厉以宁特别提到，民企或民间资本参股、控股混合所有制企业应遵循自愿的原则，既不摊派也不强制，以打消其顾虑。一要加快国有资本体制改革。设立国有投资基金公司体系，只负责国有投资的增减进出，以提高资源配置效率。二要加快国有企业管理体制改革。投资方一律处于平等的地位，企业成为自行决策、自主经营的市场主体。三是国有股减持、退出、转让的过程中，一定要规范化、公开化。

厉以宁认为，企业员工持股也是混合所有制形式之一，意义更加深远。应该对职工采取股权激励制度，适度奖励股权，这既是调动职工积极性的重要方法，也是走向社会和谐的重要途径。鉴于 20 世纪 90 年代职工持股的乱象，厉以宁认为，在没有试点前不要急于推广，如果职工持股变成短期投机行为，问题会很多，必须研究清楚何种程度的员工持股可以两者兼顾，使之既符合职工的利益，又符合投资者的利益。中国特色的混合所有制经济之路，应该通过这样一步步地探索、试验、总结、推广而来。

（原文载《人民政协报》2020 年 6 月 5 日第 5 版）

厉以宁的扶贫情怀

在北京大学，有这样一位教授，他不仅拥有经济学、经济史和经济学说史的学问，更有与时俱进的思想；他不仅是学界泰斗，更是经济体制改革的探索者，至今仍在三尺讲台前耕耘不辍。在全国政协，有这样一位委员，他虽年过八十，却至今仍深入在连片贫困地区的乡村调研一线，为贫困地区的脱贫鼓与呼，为精准扶贫积极建言献策，他就是全国政协常委——厉以宁。

30年情系毕节

2015年3月6日，十二届全国政协三次会议举行第一场记者会。会议结束后，有位记者跑上台问厉以宁，怎么看“再减贫1000万人以上”这个目标？

厉以宁回答，再减贫1000万人的工作，要做得很实很细，一是对有些已经脱贫但又返贫的地方，要给予特别重视，研究原因，对症下药；二是要大力发展职业技术教育，这样贫困地区的人就有本事赚钱了，要不怎么巩固扶贫的成果呢？

毕节是贵州乃至西部贫困地区的一个缩影。为改变当地贫穷落后的面貌，1988年6月，国务院批复同意建立“毕节开发扶贫、生态建设试验区”。在中共中央统战部倡导组织下，一个由各党派知名专家学者组成的帮扶毕节发展的智囊团——“支援贵州毕节试验区规划实施专家顾问组”成立，时任民盟中央副主席的钱伟长任组长。

听厉以宁老师讲，自那时开始他就已经在关注毕节的历史和经济文化发展状况了，但第一次到贵州考察是在1994年。

当时的毕节地区是贵州省贫困问题最严重的地区，全地区8个县就有大方、纳雍、威宁、赫章、织金5个国家级贫困县和一个省级贫困县黔西，全区的贫困人口占总人口60%以上，很多地方人畜共居在低矮、潮湿、狭小的杈杈房内，有时大风一过，杈杈房只剩下几根树杈。与此同时，毕节的历史文化灿烂、自然风光旖旎，夜郎古国的神秘、百里杜鹃的芳菲，威宁草海的秀美却又少有人知。有感于兹，他挥笔赋七绝一首：“隔宿无粮实可哀，空余景色逐人来。但求遍野花齐放，不信青山不聚财。”

2003年7月，厉以宁接任专家顾问组组长第四届组长，并将研究与解决中国城乡的贫富差距和贫困地区的脱贫问题作为自己的主要研究方向。在这以前10年，他担任了两届中国环境与发展国际合作委员会中方委员兼环境经济组组长，当时就多次到贵州贫困山区调研、考察。此后10年，根据毕节“贫穷、人多、生态恶化”的现实，厉以宁年年去毕节，带着问题去、带着办法去、带着专家去、带着项目去。

扶贫，要以平等的态度、以平等参与者的身份参加，不能高高在上；扶贫，要与当地的干部群众共同商量、共同讨论、共同研究，怎么把当地的工作做得更好，让当地发展得更快。这些话，都是厉以宁老师经常讲的。

他经常回忆起担任毕节试验区专家顾问组组长后，在毕节召开的第一次工作会议。当时他向与会的毕节干部提了三个问题：地方国有企业改革得怎么样？城市建设有规划没有？就业问题解决得如何？对方的回答是：“没动、没有、不行。”厉以宁当时就说，不管搞什么试验区，都必须推进地方国有企业改革，大力发展民营经济，要主动到发达地区去学习人家发展经济的经验，这样才能加快毕节发展的步伐。

为了培训当地干部的市场经济意识和能力，他担任院长的北京大学光华管理学院从2004年开始对毕节地区副县级以上干部进行培训，培训内容主要是市场经济、财务管理和农业扶贫等，每期培训50人左右，前后6期共培训干部300余名，为毕节地区的改革发展提供了人才支持。培训经费，是厉以宁向企业界募集的。

为促进当地教育事业发展，2004年7月，他用自己获得的日本福冈亚洲文化奖奖金300万日元（合人民币20多万元）捐建了宗琳小学。

作为经济学家，他深知贫困地区的高等教育对培养致富带头人、促进当地经济社会全面发展的重要作用。2004年3月21日，他第一次来到毕节的最高学府——毕节师专，就与院方签署了“毕节师专北大光华管理讲座”的协定。随后，他要求北大光华管理学院的每一名教授、副教授，都要以不同的方式到毕节去，传授知识、考察项目、交流思想、体验生活。2006年4月20日，毕节学院（原毕节师专）正式揭牌，厉以宁专门致以祝贺，北京大学光华管理学院董事长尹衍樑先生还在毕节学院设立奖学金，每年资助300名贫苦大学生，激励他们为毕节发展、为国家富强而努力钻研学问。此后10年，在毕节学院的教室里，多次留下厉以宁做学术报告的身影。展现出一位履职尽责的政协委员、一位德高望重的学者对贫困地区发展、对下一代成长的奉献与情怀。

从1988年毕节试验区成立以来，党中央高度重视，由全国政协、中央统战部牵头并参与帮扶，各民主党派中央、全国工商联、毕节试验区专家顾问组等充分发挥优势，坚持不懈、全面参与毕节试验区经济社会各项事业发展。经过多年的倾情帮扶，毕节如今发生了历史性变化，从昔日一方水土难养一方人的地方，到人民生活、生态环境明显改善的跨越，闯出了一条贫困地区科学发展之路。

厉以宁认为，毕节试验区是一个综合性改革试验区，它的改革、试验、建设和发展，在推动毕节经济社会实现跨越式发展的同时，也探索积累了宝贵的实践经验，只要沿着既定的道路持之以恒地走下去，毕节必定会走向更加光明美好的未来。

5 次举办中国贫困地区可持续发展战略论坛

贫困地区应该走什么样的发展道路，如何保证贫困地区的可持续发展？这是一个长期萦绕在厉以宁脑海中的问题。为了从理论和实践上研究解决这一问题，2005 年 11 月，在学校的大力支持下，厉以宁领衔成立了北京大学贫困地区发展研究院，并出任院长，为的是贫困地区可持续发展研究有一个定期交流的平台。

经过半年的筹备和策划，2006 年 5 月 13 日，首届中国贫困地区可持续发展战略论坛在天津滨海新区拉开序幕。在主题演讲《论贫困地区的可持续发展》中，厉以宁认为，贫困与生态环境退化的恶性循环是造成贫困落后地区经济社会不可持续发展的重要原因。要从根本上消除贫困，就必须树立科学的发展理念，统筹当前利益和长远利益，正确处理经济效益、社会效益和生态效益三者的关系，使之形成相互促进的良性循环，实现贫困地区经济、社会、资源和环境的可持续发展。不同的地区，其人文历史状况、经济发达程度和自然条件差别很大，要多总结研究不同地区的脱贫致富经验，从中总结出一些带有规律性的东西来。

2008 年 9 月 19 日，在贵州毕节召开了第二届中国贫困地区可持续发展战略论坛。正是在这次论坛上，厉以宁提出扶贫一定要因地制宜，不能搞一刀切，全国一个模式是不行的，全国有近 60 万个行政村，应该按照自然条件、农民收入、集体积累等多种因素分类指导，该下山的就要下山，该进城的就要进城，像有些地方高山顶上住着最穷困人家，生活条件不好，公路也没有办法修上去，当地的生活还很困难，迁移下来是最好的解决办法。

2010 年 12 月 15 日，第三届中国贫困地区可持续发展战略论坛在云南省昭通市举办，厉以宁的主题演讲为《转变经济发展方式的几个问题》。他认为 GDP 总量固然重要，但结构更重要。以鸦片战争为例，当时中国的 GDP 比英国大很多，但是从结构上一分析，显然不一样。中国的 GDP 由粮食、棉花、茶叶等各种农产品，还有手工制造的各种产品，包括丝绸、瓷器等组成。而英国的 GDP 主要由钢铁、蒸汽机、各种机器设备比如火车轮船等组成。所以英国的 GDP 总量虽然不如中国，但是结构却符合当时技术前进的方向。再加上当时中国的人口结构主要由大多数不识字的文盲和少数只知四书五经的知识分子组成，对现代的经济管理、科学技术都不懂。而当时英国在工业化开始以后，义务教育逐渐普及，中学很发达，大学进一步发展，每年培养大量科学家、工程师、经济管理人员和金融管理人员，人口结构优于中国。最后战争的结果是 GDP 和人口总量都远超英国的清政府失败了。所以说必须要转变经济发展方式，重视经济结构的组成，人才强国首先强调的是人力资源结构要合理、人才的社会流动要通畅。他还讲到，在新一轮西部大开发过程中，贫困地区的扶贫工作应采取联网辐射战略，而不是梯度推进。连片贫困地区的扶贫，应在附近中心城市的带动下，由城市向农村逐渐辐射，并着重交通等基础设施建设，做好水利资源开发等，这样贫困地区才能尽快实现脱贫致富。

2013 年 11 月 3 日，在第四届中国贫困地区可持续发展战略论坛中，厉以宁将关注点放在城镇化过程中的问题上。他说，中国的城镇化应该由老城区加新城区加农村新社区三部分组成。老城区也叫棚户区，存在污染严重、人口拥挤等问题，应重在改造，改造成商业区、服务区和适合居民居住的居民区，同时保留明清时期的古建筑。新城区包括高新技术开发区、物流园区等工业园区，新城区依托新兴产业不断拓展。新社区也就是社会主义新农村，新农村建设修路盖新楼是一方面，但更重要的是要实现新社区的园林化，走循环经济道路，公共服务要到位，逐步实现城乡社会保障一体化，在这种模式下发展成为新城镇，这种新城镇也是城镇化一个组成部分。他还指出，城镇化建设一定要量力而行，不要急于求成。城镇化不仅要提高生产水平，还要提高教育水平，提高全民的综合素质；在农村人口城镇化的过程中，政府首先要考虑的是创造更多就业机会，要考虑如何发挥人们的创造精神，调动每一个人的积极性，通过创业和创新，释放更多发展红利。

在第五届中国贫困地区可持续发展战略论坛暨北京大学贫困地区发展研究院成立10周年开幕会上，全国政协原副主席张梅颖致辞，对厉以宁为中国贫困地区发展事业做出的贡献给予了高度评价。她说，一个学者能够带领团队十年如一日从事这样一项事业，正符合费孝通教授对学者的期许，其精神和品格尤为宝贵。

连续五届可持续发展战略论坛的举办，在总结中国贫困地区发展的经验教训，研究贫困地区发展的规律，探索贫困地区的可持续发展道路，形成关于贫困问题的跨学科交叉学术研究成果，为政府提供关于扶贫和地区发展的政策建议等方面取得突出成绩。作为论坛的主办单位，2009年和2014年，北京大学贫困地区发展研究院两次被北京大学评为校优秀研究机构。2016年10月17日，更是荣获了“中国扶贫·社会责任奖”。

2017年9月17日，在安徽旌德召开的第六届中国贫困地区可持续发展战略论坛上，厉以宁在做主旨演讲时指出，在精准扶贫中，要解决子女不赡养老人的问题。“子女不赡养老人在农村中十分普通，一个最有代表性的现象，是子女住新房，父母住旧房。父母靠低保度日，子女无动于衷。这样一来，子女算不上穷人了，但父母却戴上了低保户、贫困户帽子，而且持续下去，这些问题应值得深思。”

一次印象深刻的扶贫调研

2015年，我陪同厉以宁老师率队的全国政协经济委员会调研组赴汉中扶贫调研。

汉中市位于秦巴山区深处，自古就有“汉家发祥地、中华聚宝盆”之美誉。由于自然和交通条件所限，汉中市10个县中就有洋县、西乡县、勉县、宁强县、略阳县、镇巴县、留坝县、佛坪县8个国家级贫困县。短短4天时间里，厉以宁带着调研组先后深入洋县、西乡、留坝、勉县等地，实地察看食用菌、茶叶、中草药等产业种植培育及历史文化遗产保护与利用工作，详细询问当地的规模经营、土地流转、精深加工和产品销售等方面情况，全面了解贫困地区可持续发展现状、对策和措施。

调研过程中，结合所见、所想、所闻，厉以宁跟调研组和当地干部剖析了几个很有意思的案例。

一是在汉中洋县调研时的朱鹮案例。朱鹮是世界濒危鸟类之一，有“东方宝石”之称，厉以宁建议洋县抓住朱鹮做文章。他说这个鸟有个特点，一辈子就一个配偶，如果其中一个死了，另一个终身不再找。这个特点已经使洋县成为本地人和外地人结婚举办婚礼的地方，很多金婚、银婚的夫妇也都过去旅游，这样一来，洋县就形成了独有的“朱鹮产业旅游经济”，汉中要在这样的特色产业扶贫、乡村旅游扶贫上下功夫。二是西乡县的有机农业案例。西乡县主要靠种植有机茶叶、有机大米致富，土壤不施化肥。因为是南水北调的重要水源地，县里限制办工业，老百姓就到茶园打工，不仅解决了就业问题，还能逐渐富裕，有机茶叶、有机大米特别是有机黑米、有机蔬菜源源不断地往外销，质优价高，也能过上好日子。三是留坝县的历史文化旅游案例。留坝县山高谷深、道路艰险，但留坝县有张良庙、石门栈道、风云寺，不仅在国内有名，在国外也有一定的关注度，可以重点发展旅游业和开发旅游附属产品，比如石门栈道模型等，再加上留坝县的农产品和水产品也品质很高，文化旅游业、农业和商业就一并就发展起来了。

转眼间，跟随厉以宁老师从事应用经济学研究已7年。

期间上厉老师的课，听厉老师的报告，在厉老师指导下从事应用经济学研究，陪厉老师去外地调研，以及参加一些学术报告会和研讨会等，耳濡目染间，春风化雨、润物无声。厉以宁老师给我讲得最多的是四个经济学问题：一是正确认识非均衡的中国经济。非均衡性是研究我国经济的基本出发点，也是探讨经济体制改革理论的现实起点。二是重视道德调节在市场经济中的作用。由于存在着市场缺陷和政府失灵的情形，这其中的空白应该由道德调节来填充和弥补，在交易活动中如此，在非交易领域就更是如此。三是价格改革与产权改革相比，产权改革更重要，产权改革要通过股份制来实现。四是通货膨胀带来的危害与失业带来的危害相比，失业的危害更严重，因为在稳定中求发展比在发展中求稳定更现实。这些对我都是极好的教诲，给我留下了深刻的记忆。厉以宁老师几十年如一日的关注农村、情系扶贫，谱写了一曲倾力扶贫的乐章，诠释着他的人生信念和追求，彰显着他的赤子之心和报国情怀。

（原文载《中国政协》2017 年第 16 期）

“厉三农”称呼的由来

“三农”问题与实现全面建成小康社会目标和把我国建设成富强民主文明和谐美丽的社会主义现代化强国密切相关。厉以宁长期关注“三农”问题，他经常在北大光华管理学院的课堂上对挤得满满当当的听课学生说，关注和重视“三农”问题是任何一个有家国情怀、有忧患意识和担当意识的青年学生所必须具备的优秀品质。年届 90 岁的厉以宁至今仍坚持每年到农村调研，对“三农”问题格外关注。自 2003 年担任全国政协常委、经济委员会副主任至 2018 年初卸任全国政协常委以来，他多次深入辽宁、内蒙古、山东、河北、湖南、安徽、江苏、浙江、陕西、甘肃、四川、贵州等省农村调研，看村容村貌、察民情民意，并对研究解决粮食安全、土地确权、农民收入等问题倾注了大量心血与汗水。

“琅琊榜”青年 PK“三农”青年

2015 年 11 月 22 日，“‘中国经济的热点问题’学术研讨会暨厉以宁教授从教六十周年庆祝活动”在北京大学办公楼礼堂举办。那天早晨北京大雪，我和几位同学一起在办公楼外迎候厉以宁老师。8 点 40 分，厉以宁身穿蓝色西服，披着风衣，戴着一条红色领带健步走入会场，全场师生掌声雷动。随后现场开始播放一段关于厉以宁从教生涯的纪录片，结尾时画外音说道：“他是一位励志青年，至今笔耕不辍；他是一位文艺青年，以填写诗词为乐；他也是一位时髦青年，最近迷上了《琅琊榜》，这就是我们的厉老师，85 岁的青年。”现场一阵惊呼和欢笑，无论是“85 岁的青年”，还是“琅琊榜”青年，都是大家对这位德高望重师者的最可爱的评价和最深厚的祝福。我也不由得回想起了陪同厉以宁老师外出调研期间，晚上曾经陪同他观看热播电视剧《琅琊榜》的场景，听他对“江左梅郎”和“侠之大者，为国为民”的点评，感悟他对历史和人物的品鉴与深读。

开幕式上，厉以宁做了主题演讲《中国双重转型之路为发展经济学增添了什么》。他指出，中国的发展历程既是由计划经济体制转为社会主义市场经济体制的“体制转型”之路，也是由农业社会转为工业社会和现代化社会的“发展转型”之路。厉以宁特别指出：由于物质资本、人力资本和社会资本的不平衡分配和占有，城乡收入在改革开放以后有所扩大，需要从土地确权、教育制度改革和社会垂直流动渠道畅通三个方面来缩小城乡收入差距，促进社会活力、公平和稳定。土地确权有利于农民获得财产性收入，促进专业化生产，使“合作社”得到真正的落实。现代教育制度需要着力于培养家庭农场主、熟练技工、各类专业人才和现代企业家四类人才。社会垂直流动渠道的畅通有助于克服职业的世袭化，这又要求我们进一步破除城乡二元体制和减少就业当中的“垄断”和“排外”现象。中国经济的双重转型不仅是经济的持续增长，而且也是社会的治理创新，它将使中国社会和经济跃升到新的阶段。活动结束后，厉以宁老师一边步出会场一边跟我们几个跟在身边的师生说：“与‘琅琊榜’青年相比，我更愿意做一位‘三农’青年。”

由于多年倾注心血于股份制改革、民营经济发展和农业农村问题，厉以宁有三个别名：“厉股份”“厉民营”“厉三农”。但他最喜欢的还是“厉三农”。“厉三农”这个名字所蕴含的意义，远比一种经济现象更为丰富且充满感情。不仅因为他 1969 年 10 月与北京大学教职员工一千余人下放江西南昌鲤鱼洲，同农民一起生活一起劳动，更因为他深知农业、农村和农民在我国经济社会发展中的重要作用，因此对农村经济社会的发展和农民生活的改善一直保持着高度关注。厉以宁说，在鲤鱼洲他亲睹了当地农民的穷苦，感到非常震撼。也就是在那个时期，他决心探索一条研究中国农业农村经济发展的新思路，并五十年如一日的坚持和坚守，行走在研究解决“三农”问题下的厉以宁内心如年轻人般充满活力，奉献于“三农”问题的他有着昂扬向上的激情人生。

朱鹮的故事和发展特色农业

虽然年事渐高，但厉以宁深入农村调研的脚步却并没有放缓，反而愈发有了一种急促和紧迫感。2017 年 6 月 26 日，在全国政协十二届常委会第 21 次会议关于“着力振兴实体经济”的专题小组会上，厉以宁讲述了自己两年前去汉中洋县调研时的一个发现。朱鹮是世界最濒危的鸟类，有“东方宝石”之称，“朱鹮有一个特点，一辈子只结婚一次，无论公母，一旦对象死了，就永远不再找配偶。”当地为了保护朱鹮，不让农田施化肥、打农药，这使得洋县本就不发达的经济更加不易。但朱鹮对婚姻的专一启发了洋县人，他们抓住这一特色，大力发展旅游和特色农业，对外宣称是“结婚的好地方”，每年都有很多人慕名来此结婚，很多金婚、银婚的夫妇也都过去旅游。同时，洋县充分利用当地生态资源发展特色有机农业，形成了以有机稻米、菜籽油、黄金梨等有机农产品的种植、加工、销售于一体的主导产业链。因为在农产品的种植生产过程中，采用优质品种且不使用化肥农药，洋县的有机农产品凭借过硬的内在质量和高附加值，“朱鹮生态有机产品”备受消费者喜爱，被各路客商抢购一空。此外，各种的朱鹮纪念品、玩具和旅店、农家乐也发展起来了，当地的经济因此有了很大受益。

厉以宁认为，我国自古以来就讲“物以稀为贵”，对于发展特色农业来讲，也只有做到了“人无我有、人有我优、人优我反季节、人反季节我讲诚信”才能“特”起来。发展特色农业必须跟当地的自然地理环境结合起来，我国南北、东西各地的自然条件不同，如果不切实际地盲目模仿别人，只能落个劳而无功、浪费财力和人力的后果。发展特色农业是以追求最佳经济效益、最优生态效益和提高产品市场竞争力为目的，围绕市场需求、突出地域特色，以一两种特定生产对象或生产目的为目标，形成规模适度、特色突出、效益良好和产品具有较强市场竞争力的非均衡农业生产体系。比如汉中西乡县大力发展特色农业，主要靠种植有机茶叶、有机大米致富。因为是南水北调的重要水源地，县里限制办工业，老百姓就到茶园打工。当地的茶是非常有名的富硒茶，米是素有“黑珍珠”和“米中之王”美誉的黑米，茶园和稻田都不需要打农药，土壤也不需要施化肥，施用的是农家肥，所以茶叶和黑米都味美质优价高。而且茶园依山临河而建，风景秀美，慕名而来旅游的人也逐年增多，这样旅游业也在逐步发展。西乡县发展特色农业，有机茶叶、有机大米特别是有机黑米、有机蔬菜源源不断地往外销，不仅解决了就业问题，还能让百姓逐渐富裕。

特色农业对提高农民收入是有效的，这样的农业发展才能有后劲。厉以宁说，他曾经到江苏去考察，发现一些地方在大批次地养鹅，就问养鹅有什么好处呢？对方说养鹅并不能卖很多钱，但是鹅肝很值钱，因为一个鹅肝的价钱比一只鹅还贵，鹅肝销售到欧洲去，不仅为自己的产品找到了销路，而且还增加了很多收入，所以当地就开始养鹅。

但农民进城打工和留在当地养鸡养鹅种蘑菇以后，还有谁来种地呢？厉以宁认为，种地的散户始终还是有的，但散户只是其中的一部分。将来经营农业的人一是种植能手。土地之所以向耕种能手集中，是因为采用了转包的形式、租赁的形式。比如在湖北孝感地区调研发现，农民进城打工，土地转包给种植能手，经营 200 亩以上农田的都能赚钱，200 亩地一年种两季水稻，年产稻谷约 40 万斤，可卖 40 多万块钱，除了生产资料开支和雇工外，还有钱可赚。经营农田过千亩甚至万亩的，如果注重农业科技和采用机械化经营，产量会更高，赚的钱也更多，当然对种植能手懂技术、善经营、会管理的要求也更高。二是农民专业合作社。比如在山东、重庆等地的调研发现，除了玉米和小麦产区有自己的专业合作社外，种植大棚蔬菜的地方有大棚菜专业合作社，产西瓜的地方有西瓜合作社，产茶叶的地方有茶叶合作社，单个农民在市场经济中的地位始终是比较弱的，所以需要发展农民专业合作组织来打通生产、销售、加工、运输、贮藏渠道，这样产业链得到延伸，收入也可以提高。三是农业企业用高科技种田。比如鄂尔多斯就有农业企业投资改造沙漠种庄稼，苏北沿海滩涂也有企业改良盐碱地种水稻。这些农业企业有资本投入，也有高技术，不仅能带动当地的农民就业，城乡收入差别可以缩小，而且农业也能增产。

“两个老鼠”的故事和土地确权

厉以宁在外出调研的座谈会上和北大的课堂里多次讲过“两个老鼠”的故事，那是他在外出调研时听到的。第一个“老鼠”的故事，讲的是农民外出务工，有了稳定的职业后，就把老婆和孩子都接走了。由于房子没有房产证不能出租，就让亲戚朋友帮忙代管房子。所谓的代管，也就是一把锁把门锁上，屋里长期没有人，就变成老鼠窝了。第二个“老鼠”的故事，讲的是农民两手空空进城，找了份工作，但是城里的房子贵，买不起也很难租到合适的，于是不少农民就租了城里居民楼的地下室住。有一份材料里讲，一个不大的地下室用纸箱板隔成16间，住了16户，网络上的说法称这些在地下室来生活的人为“鼠族”。要消除这“两个老鼠”故事的发生，必须依靠土地确权，让农民的产权有保障，从而缩小城乡收入差距，让农民可以带资进城。

在担任全国政协常委、经济委员会副主任期间，厉以宁不间断关注农村土地确权问题，每年都要就此问题带队去地方调研，并利用政协舞台，积极呼吁、建言咨政，为统筹城乡发展、解决“三农”问题寻找新的突破口。厉以宁认为，土地确权是改革中的一个重要问题。其重要性必须从中国经济的非均衡谈起。非均衡分两类：一类是市场不完善条件下的非均衡，西方国家的非均衡属于这一类；另一类是市场不完善再加上缺乏市场主体的非均衡，中国的非均衡属于第二类。在计划经济时代，由于没有市场主体，导致产权是不明确的。所以中国的改革必须分两步走，第一步是产权改革。让产权明确，让产权界定，让国有企业成为真正的市场主体。改革开放后搞的股份制改革，就是要让国有企业首先成为产权明确的市场主体，这个任务进行得比较顺利。第二步是城乡二元体制改革。但消解城乡二元对立、改革户籍制度推动得还比较缓慢，城乡二元体制改革如果要继续推进，那么农村必须要进行产权改革，首要的就是土地确权。因为农村的集体所有制在产权方面实际上是虚置的，名义上的所有者是农村集体经济组织，但事实上常是村镇官员代表村民做决定，跟广大农民没多大关系，这个弊端在实践中已经有不少显现。

土地确权怎么推进？厉以宁认为应借鉴林权制度改革的经验。2008 年 6 月 8 日，在总结福建、江西等地集体林权制度试点经验的基础上，中共中央、国务院出台了《关于全面推进集体林权制度改革的意见》，提出集体林权制度改革是稳定和完善农村基本经营制度的必然要求，把集体林地经营权和林木所有权落实到农户，确立农民的经营主体地位，是将农村家庭承包经营制度从耕地向林地的拓展和延伸。林权证发到每个农户手中，把农民的积极性全调动起来了，大量劳动力开始自发造林并大力发展林下经济，种蘑菇、木耳，还有林下养鸡的人都富了。而且林权可以抵押贷款，农民的积极性一下就来了。所以，土地确权应把林权改革的经验落实到农田的承包中。农田承包主要有三权三证，承包土地的经营权、宅基地使用权、宅基地上盖的房子的产权。厉以宁讲，他在带领全国政协经济委员会调研时，村里的农民跟他们说，城里的土地是国有的，城里人祖传的房子有房产证，新购买的商品房有房产证，但在农村土地集体所有制下，农民祖传的房子没有房产证，在宅基地上自建的住房也没产权证，这个事情他们既不理解也想不明白。

2012 年 11 月下旬，厉以宁带领全国政协经济委员会专题组到浙江杭州、嘉兴和湖州市调研，了解到那里的土地确权工作几年前就已经开始了，当地农民兴高采烈，还有放炮仗的，情景和当年的土改一样，因为产权已经落实到户了。在随后的召开的村镇座谈会上，农民说土地确权最大的好处是财产有保障了，土地流转加快了，外出打工时，土地既可以入股还可以出租。另外一个好处就是城乡收入差别明显缩小了，以在嘉兴市为例，土地确权以前，城市人均收入和农村人均收入比是 3.1 ∶ 1；土地确权后，城市人均收入和农村人均收入之比变为了 1.9 ∶ 1。城乡收入差距的缩小引起了调研组的关注，在嘉兴平湖市召开的座谈会上，一位参会农民的发言揭开了谜底：一是土地确权后，农户放心地扩大了养殖业和种植业，家庭农场开始发展起来了。二是农民进城打工，放心地把土地就转包或出租给别人，或者入股到专业合作社，收入得到了固定增加。三是土地确权后，房子可以出租给他人从事商业或开店、开饭馆，有了房租收了。因为有了类似这样的财产性收入，所以农民的收入自然就提高了。

厉以宁认为，土地确权证明了农民的积极性是不可低估的，家庭农场就是在这个基础上发展起来的，通过合理的土地流转，土地经营权向种植大户集中，粮食生产向功能区集中，农业社会化服务有了更广阔的应用空间。随着土地规模化程度的不断提高，一批新型家庭农场主等农业产业主体正在逐步形成，每一个家庭农场就是一个小微企业，农民会自发地把家庭农场搞好，将来是种田不用愁、粮食安全有保障，而且农民增收也明显。所以，农村的土地确权，跟国有企业的产权明晰一样具有重大意义。

2011 年 11 月 10 日，为切实落实中共中央、国务院《关于加大统筹城乡发展力度进一步夯实农业农村发展基础的若干意见》（中发〔2010〕1 号），国土资源部、中央农村工作领导小组办公室、财政部、农业部联合下发了《关于加快推进农村集体土地确权登记发证的若干意见》，明确提出要进一步规范和加快推进农村集体土地确权登记发证工作。2016 年 12 月 26 日中共中央、国务院印发了《关于稳步推进农村集体产权制度改革的意见》，强调要积极探索农村集体所有制有效实现形式，创新农村集体经济运行机制，保护农民集体资产权益，增加农民财产性收入，让广大农民分享改革发展成果，调动农民发展现代农业和建设社会主义新农村的积极性。农村土地确权工作随后在全国逐步全面展开。

厉以宁很乐意听到人们称他为“厉三农”。他常说，“我和其他同志一起，都是农村改革深化的宣传者”。他认为，提高农民收入是当前最大的改革方向，中国的农业还大有前途，跟发达国家的农业已差不多走到顶点不同，中国农业的很多领域可以开发和提高，要依靠科技和创新使农业真正走向产业化、规模化道路，同时妥善解决农村劳动力转移就业问题。在这个过程中政府要加大对农业的投入，确保粮食安全和农民收入的稳步提高；加大对农民的教育培训力度，使农民成为有文化、懂技术、会经营的新型农民，大力培育新型职业化农民和新型经营主体；全面提升农村的基本公共服务和社会保障水平，防止农村走向衰败和萧条。这样农业增产、农民增收、农村发展才有根基，乡村振兴的步子才更稳健。

（原文载《纵横》2019 年第 11 期）

什么是企业家和企业家精神

2018 年以来，每次见到厉以宁老师，谈到中美经贸摩擦和国内经济发展问题时，他都要谈及企业家和企业家精神。厉以宁谈到，经济学界最初使用“企业家”这个术语时，并没有专指某一类企业家而言，而是泛指具有创新、创业精神的从事企业活动的能人。按美国经济学家约瑟夫·熊彼特的说法，企业家就是开拓者、创新者，企业家就是把科学技术发明引入经济生活之中，把经济推向前进的人。“企业家精神”则是企业家特殊技能的集合，或者说是他们组织建立和经营管理企业的综合才能的表述方式，是一种重要而特殊的无形生产要素。一国经济要发展，离不开众多充满生机与活力、富有创新精神和进取精神的企业家；一国经济要长久繁荣，则离不开那种健康恒久的视野开阔、开拓创新、诚信协作的企业家精神。

企业家是经济活动的重要主体和特殊人才

早在2000年6月，厉以宁在接受《财经时报》记者采访时谈到，社会上很多人把企业家当成一种职业，其实企业家更是一种素质。按照教科书上的说法，企业家应具备三个条件：一是有眼光，能看出哪里能赚钱；二是有胆量，看准的事情敢于去做；三是有组织能力，能领着一帮人干事儿。但仅有这三个素质是不够的，必须树立新型企业家的概念。新型企业家应有新的观念，包含了对整个经济的看法和了解；应有新的决策方法，要善于从社会上挖掘人才，从对专家决策方案的比较中进行最优选择；应有利益导向的经营思想而不是危机导向的经营思想，能实时发现必要的改革并及时做出改革的决定；应善于利用资本市场，不但要善于利用资本市场融资，还要善于提高资金使用效率；应有社会责任感，必须得关心国家的命运、民族的前途。只有这样的人才能称得上是21世纪的企业家。

厉以宁常讲，中国现在的大问题是提高企业家的素质，企业家素质不提高，企业的发展很难提到新的高度。以前企业界有一句很流行的话：小富靠拼搏、中富靠机遇、大富靠智慧。当今企业家最要紧的就是要开辟新路、创造市场，用企业家的智慧去做事。从古典经济学开始提出了“经济人”假设，认为企业家做事都是以最大的利润、最小的成本来进行判断的。但到20世纪中叶很多经济学家发现，“经济人”假设是存在缺陷的，真正存在的应该是次优选择，而不是最优，所以就提出了“社会人”假设，意思是说企业家不一定全按“经济人”假设的方式来做事，还应该考虑到“协商、和解、双赢”。“社会人”假设不是最优选择，而是各自后退一步海阔天空，最后达到双赢的结果，双赢正是整个经济活动的目标。

2019 年 9 月 12 日下午，厉以宁在家中接受《人民政协报》和正和岛记者的采访，在记者问到如何看待中美经贸摩擦对国内经济的影响时，厉以宁回答说关键看国内的应对、看企业的状况、看微观经济的基本面。厉以宁说，在重视宏观经济政策的同时，一定要重视微观经济的发展，重视一个个企业的发展状况，没有微观经济的健康发展，没有一个个企业的质量和效益，宏观经济运行就会出现问题。厉以宁很欣赏温州商人的创业故事，说他们很务实，能抓得住商机，所做的生意可大可小，大到机床、船舶等设备，小到纽扣、针线包、酒店牙具等，甚至外国选举时用的小旗子，只要有市场能赚钱就都做。而且温州的企业在发展之初不以利小而不为、不以利大而恐惧，敢于冒险、富于进取，为了企业的发展可以白天当老板、晚上睡地板，勤于动脑、善于抓住商机、勇于向外开拓市场，是企业家创业时代的楷模。在新时期社会主义社会的发展和建设过程中，更需要一大批具有核心竞争力的企业，需要众多的具有开拓精神，能发现机会、整合资源、勇于创新、敢于拼搏、爱国敬业的企业领导人、带头人，他们是参与经济活动的重要主体、“关键少数”和特殊人才。

依法保护企业家合法权益

改革开放以来，在我国经济领域的各行各业都涌现出了一大批具有核心竞争力的企业，既有公有制企业，也有非公有制企业，还有混合所有制企业，更有无数小微企业，它们在市场经济的激励下，为国家的发展、为经济社会的繁荣做出了重要贡献。2016 年 11 月 27 日，中共中央、国务院《关于完善产权保护制度依法保护产权的意见》正式对外公布。《意见》指出："产权制度是社会主义市场经济的基石，保护产权是坚持社会主义基本经济制度的必然要求。有恒产者有恒心，经济主体财产权的有效保障和实现是经济社会持续健康发展的基础。"12 月底，厉以宁在撰写的《产权保护与同甘共苦》一文中谈到，《意见》在产权保护方面有了明确规定，这对企业家来说既是鼓励，也是鞭策。产权保护的核心原则是公平，不管是公有制还是非公有制企业都要一视同仁地进行产权保护。只有让广大的企业家和投资人感到自己的产权是有保障的、在法律面前是人人平等的，才会增加经济活动的动力与活力，才能确保经济社会的长期健康和繁荣稳定发展。

2018 年 7 月 18 日，厉以宁在"第六届中国中小企业投融资交易会"上发表演讲。厉以宁认为，中国的经济发展不能全靠国有企业，一定要有相当大数量的民营企业，当前的任务是要培养大量的、新的民营企业。中国的民营企业家主要有三类：早期的民营企业是硬拼出来的，很多民营企业都是从地方的小企业起步而逐渐发展起来，这些企业家原来对经济学、管理学不是太懂，但是他们通过硬拼在实践中一步步发展了起来；随后的民营企业是由一些在国外留过学，接触到新的经济学、管理学知识的人在国内创办起来的，但是这些民营企业家中有一部分长期待在国外，对中国的国情并不是很了解；现在最有希望的民营企业家群体，就是那些大学生、研究生和博士生以及那些长期在科研机关工作的人，他们有视野、有情怀、懂科技、会经营。那么民营企业怎样才能更好地发展？关键在于产权保护。产权保护的范围不仅是物权，还包括债权、股权以及一切投资的权益、知识产权等，这必将对调动企业家和企业投资者的积极性和创造力、鼓励企业发展的信心起到重要推动作用。同时，民营企业自身也应该保持合法经营，主动自觉地学习现代科学技术和企业管理知识，努力培养、吸收和发掘更多的人才，这样中国的民营企业就会大有可为。

2018 年 12 月 19 日，厉以宁在参加北京大学庆祝改革开放 40 周年座谈会上的发言中讲到，要让市场有生气，必须使社会有良好的预期，而社会良好预期的形成首先与产权保护有关。如果社会上的个人产权遭到侵犯，或非公有制企业的产权遭到侵犯，法律对产权的保护缺位，那就不可避免地造成人们预期紊乱，而一旦预期紊乱，创新创业就会失去动力。从当前中国社会主义市场经济的状况来看，依法加强企业家财产保护是十分重要的。公平保护财产权，最重要的就是要树立法律的最高权威，让国有财产和非国有财产一律受到保护，全社会都会因为有良好的预期而产生动力和活力。

经济发展需要大力弘扬优秀企业家精神

2017 年 9 月 25 日，中共中央、国务院《关于营造企业家健康成长环境弘扬优秀企业家精神更好发挥企业家作用的意见》正式对外公布，这是中共中央、国务院首次以专门文件明确企业家和企业家精神的地位和价值，体现了对优秀企业家精神的保护和弘扬进入了一个崭新阶段。

9 月 26 日，厉以宁在《人民日报》上发表了《中国发展需要弘扬优秀企业家精神》的长文。厉以宁谈到，企业家精神是一个内涵十分丰富的命题，而且不同国情、不同时代对企业家精神有着不同要求。改革开放初期，企业家们发扬敢为天下先的精神，深化企业改革，转换经营机制，增强企业活力，推动了经济社会的发展和转型。随着社会主义市场经济体制的建立与完善，企业家们积极参与市场竞争，敢于应对各种挑战，勇于担当市场经济主体的重任，凸显了企业家的社会责任感和历史使命感。在经济全球化深入发展并遭遇波折的新趋势下，企业家们积极落实“走出去”战略和“一带一路”倡议，大力拓展国际市场，增强企业国际化经营能力，企业经营能力和科技水平进一步提高。针对当前我国正在全面深化改革的时代背景，以及实体经济不景气与消费升级的客观要求，敢于担当、创新发展、专注品质与追求卓越应是新时期我国企业家精神的鲜明时代特征。只有弘扬敢于担当的精神，才能不被短期高利所诱惑，才能始终坚守实业发展；只有弘扬创新发展的精神，才能不断深化改革，从而增强实体经济发展动能；只有弘扬专注品质与追求卓越的精神，才能不断提高产品品质，更好满足消费升级需求。

此后，厉以宁对如何在实践中培养和弘扬优秀企业家精神又做了多次阐述。2018 年 6 月 19 日，厉以宁在北大光华管理学院做了题为《培养更多的新型企业家》的演讲。他认为，现在国内经济发展遇到了一些新问题，我们需要更多引领创新、埋头苦干的企业家，需要那种将企业家精神跟实体相结合的创新之举。但现在我们所讲的企业家精神跟熊彼特时代已经有很大不同，熊彼特认为创新就是生产要素的重组，而现在创新更重要的是信息的重组，没有最新的信息及重组，任何的创新都只能跟在别人后面走。至于创新该怎么做？厉以宁认为要善用加减法。加法就是用一个概念加另外一个概念，产生一个新概念；减法就是当事物已经变得太复杂时，化繁为简，产生一个新事物。比如蒸汽机是一个概念，木船是另外一个概念，用蒸汽机加船身就形成了蒸汽轮船，而蒸汽轮船则是一个全新的概念，这就是加法。阿里、京东等企业则是做减法的代表，他们将流通渠道简化，改变了以往的生产、批发、零售的模式，而变成生产、零售的模式，取消了中间环节，降低了流通成本，让利于消费者。这些都是创新中的经典案例，值得学习和思考。

2018 年 12 月 23 日，在第二十届北大光华新年论坛上，厉以宁发表演讲说，当前经济发展的主要任务是结构性改革，一定要把发展路线搞对，路线已不是从前那种单纯的引进机器设备了，重要的是要有制度创新、技术创新、品牌创新。结构性改革需要埋头去做。在世界经济深度调整的背景下，中国经济正在迅速双重转型，即一方面实现从传统的经济向工业化、后工业化和信息化经济的转型；另一方面实现从社会主义计划经济体制向社会主义市场经济体制的转型。因此，供给侧结构性改革必然成为当前改革的重中之重，企业家精神始终是推进供给侧结构性改革的重要推动力之一。必须以科技创新、体制创新、管理创新、营销创新，促进制造业、农业、服务业等行业走上新台阶、闯出新道路，推出新产品、新设备、新设计，开拓新市场、形成新优势。这一进程中，谁更有企业家精神，谁更勇于去拼搏开拓，谁就更有可能获得成功，成功属于那些有智有谋有远见的开拓者、创新者。

2019 年 10 月 20 日，厉以宁在家里跟我们几个学生再次谈到，弘扬优秀企业家精神，必须健全企业家诚信经营激励约束机制，大力弘扬拼劲、闯劲和创劲。在经济生活中，交易者遵守信用，既是对交易双方的合法权益的尊重和维护，也是对双方继续交易的推动。在社会主义市场经济条件下，法律底线不可逾越，道德底线同样不可逾越，必须使市场经济运行在法治化和规范化的轨道之中，使交易者的合法权益得到维护。企业家精神一定要同诚信建设连接在一起、同敢想敢试敢闯连接在一起、同创新创造连接在一起、同改革开放连接在一起，这样的经济才能够上新路。在此基础上，创业创新的新一代企业家必将大量涌现，优秀企业家精神必将不断迸发，从而推动中国经济不断取得新的成就、形成新的优势，使中国梦早日实现。

（原文载《人民政协报》2019 年 12 月 3 日第 6 版）

对城镇化建设问题的研究与思考

“城镇化”一词的出现要晚于“城市化”，是中国学者创造的一个新词汇。1983年，为了探寻改革开放以来中国工业化及城乡社会经济发展的新情况，费孝通重拾早年田野调查方法，在对江苏吴江小城镇历史与现实深入考察的基础上，发表了《小城镇大问题》一文，正式提出了“小城镇”的概念，开启了对中国城镇化发展问题的研究。此后的大多数学者也都主张以“城镇化”来代替“城市化”一词，认为这更符合中国实际。

曾任民盟中央副主席的厉以宁，与费孝通一样在城镇化问题研究上倾注了大量心血。在担任第七至九届全国人大常委和第十至十二届全国政协常委期间，厉以宁就中国特色城镇化建设问题做了大量调查研究，除在各种会议场合和北大的讲堂上提出关于城镇化建设的思路和主张之外，还根据城镇化发展不同阶段的时代节奏和需要，先后撰写、主编了《中国经济双重转型之路》《一番求索志难移》《只计耕耘莫问收》《中国道路与城镇化建设》《中国道路与中国经济发展70年》《大变局与新动力：中国经济下一程》等著作，对中国的城镇化发展道路进行了积极探索和研究。

与农业农村和城镇化问题结缘

1978年3月，国务院召开了第三次城市工作会议，要求各地“切实做好城市的整顿工作”，即“控制大城市规模，多搞小城镇”。会后，我国的城市建设尤其是小城镇建设迎来了一轮大发展。在1980年的全国城市规划工作会议上，又确定了“控制大城市规模，合理发展中等城市，积极发展小城市”的政策方针，城市化建设稳步推进。厉以宁在此之前就开始思考农业农村的未来发展问题，在此之后又逐步开始了对城镇化问题的研究。

厉以宁说，他从小生活和学习都在城市中，第一次下农村是在1955年4月，当时作为北京大学经济系四年级的学生，和全班同学一起去北京市海淀区肖家河参加农业合作化实习。第二次是1958年，北京大学的一部分教职员作为下放干部，到北京门头沟区（当时称京西矿区）参加为期一年的农业劳动，一年里，他干农活、修引水渠，对农业农村的情况有了直观了解。第三次是1964年10月—1966年6月初，他同北京大学部分师生一起，先后被下放到湖北荆州江陵滩桥公社、北京朝阳区高碑店公社参加农业劳动。此后，他又和北京大学部分师生一起在海淀区六郎庄、玉泉山等地的农村参加生产劳动。到了 1969 年，北京大学的部分教职员工被下放到江西南昌鲤鱼洲农场劳动，他又在那里参加了两年的生产劳动，更加深刻地感受到了农业农村的生产和生活情况。在 1971 年秋天从江西回到北京后的 5 年多时间里，他大部分时间都在北京市郊区各县和河北省的农村参加农业生产劳动，也就是在这段时间里，他开始思考农业农村的未来发展问题。

1978 年十一届三中全会召开后，厉以宁把研究中国经济体制改革作为自己的主要研究课题，并对城镇化问题展开了一些初步研究。他说自己虽然到过一些省市进行调研，但对于城镇化问题的深入调查和研究不多，因为他认为农村家庭承包制既已推广，乡镇企业也已兴起，国有企业体制改革问题才当时最需要解决的问题，这一基本格局短期内不可能有大的变动。直到 20 世纪 90 年代，随着大量农民工外出，引发了土地撂荒、农民工子女无法在城市就学等一系列新问题，才激起了他对城乡二元体制和城乡一体化的思考，进而引发了他对城镇化问题的持续关注和研究。

城镇化既是发展转型，也是体制转型

2003 年，厉以宁接任贵州毕节“开发扶贫、生态建设试验区”专家顾问组组长后，每年都要带一些专家到毕节进行考察，帮助当地脱贫。在扶贫过程中他发现如果不从体制、机制上着力，不把城乡二元体制改革作为改革的重点，农民就始终难以摆脱困境；如果不推进城乡一体化，农民就无法与城市居民一样享受改革和发展的成果。基于这种认识，他就开始把研究重心转移到改革城乡二元体制并逐步推进城镇化建设上来。厉以宁认为："由于城乡二元体制的改革将导致农民收入的增加和农民生活方式的变化，以及由于社会最低生活保障的基本建立而导致社会低收入家庭后顾之忧的逐渐消除，必定引起内需的大突破。全世界最大的待开发的市场在哪里？就在中国的农村。"

从2008年春到2009年春的一年时间内，厉以宁先后带领全国政协经济委员会专题组、北京大学师生调研组在广东、湖南、贵州、重庆、河北、吉林、内蒙古、天津八个省、市、自治区进行了深入调研。在调研总结会上的发言中他讲到，城乡二元体制改革将推动城乡经济的改革和发展，促进社会的稳定，城镇化的发展将会使农村和城市的差别大大缩小，使农民充分享有改革开放的成果，在社会各方面享受同样的待遇。

2013年1月8日，厉以宁在第四届中国侨商论坛上发表演讲时说，中国的城镇化体现了"双重转型"，即农业社会向工业社会、现代社会的转型和计划经济体制向市场经济体制的转型，经济的持续发展需要转型提供红利，近些年城乡收入差距有扩大趋势，必须重视推进城镇化战略。当年"两会"期间，厉以宁在接受《南方日报》等媒体的记者采访时，进一步阐述了"城镇化既是发展转型、也是体制转型”的观点。他说，城镇化提速的号角早在中共“十八大”就已吹响，十八大报告全篇提及城镇化多达7次，足见其重要性。中国的城镇化之路已走过35年，其间经历了从支持小城镇到重点发展大城市、再到大中小城市和小城镇协调发展的路径，城镇化建设通过供给和需求两方面来拉动经济的增长，有利于使一个国家的经济结构从以第一、第二产业为主转向以第三产业为主。

6月21—26日，厉以宁率领全国政协经济委员会“积极稳妥推进城镇化，着力提高城镇化质量”专题组到湖北省调研。调研组一行听取了省政府和省直有关部门关于推进新型城镇化建设的情况汇报及建议，并深入随州市乡村进行了实地考察。在随后召开的调研座谈会上厉以宁谈到，我国的城镇化是一个较长的过程。20世纪80年代的城镇化建设在带动经济发展、转移农村剩余劳动力方面有明显效果。进入20世纪90年代以后，政策方面延续的重点开始倾向发展小城镇，并严格控制大城市规模。进入21世纪以后，我国的城镇化建设加速发展，2011年我国城镇人口占总人口比重达到51.27%，首次超过50%，实现了历史性突破。建议湖北省和随州市在推进土地确权和实现农民带资进城方面加大力度，以更好地推进城镇化建设。

在11月份出版的《中国经济双重转型之路》一书中厉以宁谈到，中国目前处于双重转型的时期，中国的城镇化实际上恰恰体现了双重转型的特征。自1978年改革开放以来，这两种转型在中国是重叠的，所以中国的城镇化完成之日，正是上述双重转型成功之时。而破除城乡二元户籍制度可能是双重转型中具有关键意义的一役，应着力解决农业和城镇两种户口制度的存在，因为人的城镇化是当前最主要的问题。要下大决心推进城乡户口一元化和收入分配改革，实现农民的身份和权利与城镇居民的平等。

2015 年 1 月，厉以宁在《只计耕耘莫问收》一书中谈到，随着城镇化的推进和发展，城乡二元户籍制度一定会走向全国户籍一元化，城区和农村不应再有居民身份的差别，也不再有城乡居民权利的不平等。未来的农民是一种职业而不是身份，农业发展的主体将是家庭农场主、农民专业合作社和农业企业，要在不断提升农业科技含量的基础上推进农业现代化向高附加值的方向发展，进而更好地推进城镇化。

走符合中国国情的“新型城镇化”道路

自担任第十届全国政协经济委员会副主任伊始，厉以宁就提出中国的城镇化必须走符合中国国情的“新型城镇化”道路。他认为，传统城市化是先进行工业化的发达市场国家的城市化模式，如果中国要达到西方发达国家的城市化率，即约 80%—90% 的人口集中于城市，将意味着 14 亿人口中至少有 11 亿—12 亿人要在城市里生活，那么城市居住条件必定恶化，城市的资源难以满足需求，居民的生活质量也会下降。所以传统城市化模式是不适合中国国情的，中国必须走适合中国国情的“新型城镇化”也就是中国特色的城镇化道路。“新型城镇化”不仅仅是城市人口的增加和城市面积的扩大，而且要在产业支撑、人居环境、社会保障、生活方式等各方面都实现由“乡”到“城”的转变。新型城镇化的核心在于不以牺牲农业和粮食、生态和环境为代价，着眼农民，着眼重振乡村经济，实现城乡基础设施一体化和公共服务均等化，使社会阶层打破城乡隔阂而充分、自由地流动，从而实现共同富裕。

2012年7月3—9日，厉以宁带领全国政协经济委员会“牧区小城镇建设”专题组到内蒙古通辽市考察。在考察结束前召开的座谈会上，厉以宁系统阐述了自己对中国特色城镇化道路的看法，具体来说就是改造老城区、建设新城区和农牧民新社区。当时我作为考察组工作人员在现场，较为完整地记录了他关于城镇化建设的思路和看法。

厉以宁认为，城镇化是我国现代化建设的一个必经过程。我国人口多、底子薄，耕地相对不足，劳动力素质偏低，在实现城镇发展方式的转变中，必须找出一条适合中国特色的城镇化道路。中国特色城镇化是以城乡统筹、城乡一体、产业互动、节约集约、生态宜居、和谐发展为基本特征的城镇化，是大中小城市、小城镇、新型农村社区协调发展、互促共进的城镇化，它主要包括三方面：老城区、新城区和农村新社区。

老城区是指已有的城区，有些在工业化之前很久就已存在。工业化开始后，在这里建设了一些工业企业，还包括大量商业网点和服务业，是城镇化的主要支撑点。但随着老城区规模的不断扩大，居民日益增多，开始出现了街道狭窄、人口拥挤、环境污染、资源紧缺等问题，所以老城区的发展方向是改造。近些年在一些老城区推行的“退二进三”的做法是正确的，即第二产业迁离老城区、第三产业进入老城区，使老城区成为商业中心、服务业中心和居民区。老城区有不少过去的街道和建筑物，需要根据具体情况，加以维护、修整，以保留下来作为文化遗址。在这一过程中，要高度重视老城区的棚户区拆迁问题，把新城区建设、招商引资、老城区改造三者结合在一起进行规划，让棚户区居民在新城区有建筑质量合格的房子住、有工作干，再把周边的公共设施建设好，让迁入的居民生活安定。

新城区由工业园区、高新技术开发区、创业园区、物流园区等演变而来，一般建在城市郊区，那里企业和工厂聚集，基础设施完善，有利于发挥资源集聚效应和科技创新引领作用：一是这里的基础设施完善，交通运输便利，可以减少企业成本；二是污染源集中，便于监管和治理，可以确保生态环境良好；三是许多工业企业都设置在工业园区内，便于信息交流，也便于工业企业获得新的商机；四是政府的服务到位，企业可以及时得到政府的服务、支持和帮助；五是新城区往往是新兴产业的立足地，新兴产业的增长速度比较快，这对城市的经济增长率和财政收入是巨大支持。而且新城区一般来说历史上所留下的包袱要比老城区少一些，同时新城区的就业机会要比老城区多，所以新城区拥有很大的发展潜力和空间。

农村新社区大多是在原有自然村基础上发展、改造而成，少数是在交通便利之地或城镇附近新建而成，一般都实现了社区园林化、环境低碳生态化，学校、卫生院、养老院、公共交通、水电通信等公共设施和公共服务到位，在社会保障方面基本实现了城乡一体化。在达到了上述各项要求之后，将农村新社区稳步发展为新的小城镇，更易使人们融入城镇社会，也更符合中国国情和便于操作。当然，牧民新社区也是城镇化建设的一个主要方面，应提前做好规划，做好环境保护工作，尊重牧民的意愿，由他们自主选择是否居住在新社区，在新社区大力发展种养殖业、工业项目，大力鼓励牧民发展小微企业，拉动就业，带动新社区实现经济发展，繁荣小城镇经济。

2013 年 12 月 7 日，厉以宁在接受人民网强国论坛专访时谈到，我国区域差异大，不同地区城镇化条件、发展水平和发展阶段不同，要根据各地经济社会发展水平、区位特点、资源禀赋和环境基础，合理确定各地城镇化发展的目标，因地制宜地制定城镇化战略及相关政策措施，促进城镇化与区域经济发展水平相适应，与区域的人口资源环境条件相协调。远距离的城镇化成本太高，不符合经济利益和社会效益。对于大多数农村地区而言，就地城镇化是一种合理的做法，也就是走一条“新农村—新社区—新城镇”的道路。如果只谈让农民进城，不解决农民进城后的就业问题，即使解决了农民的城镇户口问题，农民在融入城区的过程中不适应，仍然会带来许多新问题。所以就地城镇化更易促进人们融入城镇社会，更符合中国国情、便于操作。

此后几年里，厉以宁在多个场合论述了中国特色城镇化道路的实践性、合理性和可行性。2020 年春节前夕，厉以宁跟我们几个前去看望的学生谈到，城镇化率是衡量一个国家现代化程度的标志之一，1949 年中国的城镇化率大约是 20%，2019 年中国的城镇化率为 60.6%，70 年间城镇化率提高了 40 个百分点，这里面还包括了农民身份的进城打工人员，因为根据国家统计局的数字，截止到 2019 年底我国户籍人口城镇化率为 44.38%，所以城镇化的发展还有相当的空间和潜力。城镇化是现代经济增长的重要推动力，人口在城市中聚集会产生显著的规模经济效应，使民间和官方投资的平均成本和边际成本得以大幅度降低，产生更大的市场和更高的利润，而且随着人口和经济活动向城市的集中，市场需求将会迅速增长和多元化，这会促进专业化分工，从而进一步扩大内需和提高经济效率，我国的经济发展方式也会摆脱过去长时期内所形成的出口依赖型经济模式或投资依赖型经济模式，而转变为良性循环的以内需为主的经济模式。

城镇化建设过程中应重点关注的五个问题

厉以宁多次提出，城镇化建设要避免一哄而上地搞重复性建设和过度投资问题，因为在一哄而上的过程中容易异化成“房地产化”“盖大楼”等，解决就业问题、实现城乡社会保障一体化、户口制度由二元变成一元更为重要，这样中国城镇化才有发展余地。城镇化过程中一定要尊重农牧民意愿，稳扎稳打、量力而行，切忌急于求成、越俎代庖，在这方面我们一定要吸取一些发达国家和发展中国家城市化建设的经验与教训，避免出现“被城镇化”现象或“反城市化”的弊端。

2010 年在参加全国政协经济委员会“关于协调推进城镇化和新农村建设”调研组的专题调研时厉以宁谈到，城镇化和新农村建设要协调推进，现阶段应立足县城和中心镇进行，突出产业发展、基础设施建设和农民增收，要善待农民、维护农民权益，而不能做剥夺农民、损害农民利益的事情，要把城镇化过程作为一个富裕农民的过程。2013 年 3 月 7 日，厉以宁在全国政协十二届一次会议记者会上回答了如何解决城镇化建设的资金等问题。2016 年 1 月 23 日，厉以宁在“2016 年中国新型城镇化论坛”上发表演讲时提到了城镇化过程中要重点解决的社会保障等问题；3 月 5 日在全国政协十二届四次会议经济界别小组讨论上，厉以宁又重点谈了如何解决进城农民的就业问题等。随后，在一些调研考察和会议、论坛上，厉以宁又谈到了进城农民的土地流转和住房问题等，他认为只有解决好这五个方面的问题，新型城镇化的前景才是可以预期的，质量和效益才是逐步增加的。

一是要妥善处理流转土地的问题。农民进城以后，原来的承包地怎么处置？在很多地方，土地流转的非粮化、荒芜化现象不少。土地总得有人种，不能荒废在那里，荒废的土地多了，粮食安全就会出问题。但人总愿意去找收入更高、舒适度更好的工作去做，当目前的中老年农民逐渐老去退出农业劳动力队伍之后，未来农业来谁来做，这个问题应该想办法妥善解决。今后中国种田的主要是三种人：种植能手、农民专业合作社和农业企业，要多措并举以使农业生产在收入上有吸引力，使农业劳动也很体面，使农村生活既有城市化的方便又有传统乡村的田园优势，这也是新农村建设的应有之义。

二是要重视解决进城农民的住房问题。这是决定进城农民能否融入城市的关键因素。尽管国家层面已出台了很多政策措施，地方政府也进行了相关探索和实践，但进城农民住房问题的解决还是不尽如人意。以前人们讲“海归”，现在出现了一个新词叫“城归”，“城归”就是说农民工进城工作，有了一些技术和资金之后，因为买不起房只能再回乡去创业。其实“城归”是想留在城里，想把家人从农村接来。但现在城市房价太高，“城归”买不起，高房价“逼”走了进城农民，这既不利于扩大内需，也不利于城镇化发展。所以在城镇住房建设规划上应充分考虑农民工的住房需求，做出专门的部署和安排，多渠道、多途径想方设法为农民工提供住房房源，让更多进城农民和他们的家属融入城市社会，这是关系中国未来发展的一件大事，也和我们正在深化的改革有密切关系。

三是要重视解决进城农民的就业问题。解决进城农民的就业问题，对于提高农民收入、满足城市劳动力需求、统筹城乡发展、维护社会稳定等都具有重要意义。部分进城农民因为掌握有新技能而开始创办小微企业，进而开创出一个新天地，这是一种可喜的现象，对解决就业问题有一定帮助。但对大多数进城农民而言，就业主要是靠第三产业，不能寄希望于全靠制造业来解决，因为制造业正面临自动化、智能化升级，随着机器人和信息网络技术的广泛应用，制造业也需要降低生产成本和管理成本，这样才有市场竞争力。因此在城镇化的过程中，生产性服务业的比重开始上升，生活性服务业的要求也开始增多，这些都能创造新的就业岗位。政府在此过程中要加强对进城农民的补贴或免费就业技能培训，切实维护进城农民的合法权益。

四是要逐步解决社会保障一体化问题。城镇化进程中最容易受伤害的是农民的权益，所以必须把保障农民权益放在首要位置。我国目前需要建立完整的最低生活保障体系，需要把城乡二元体制包括在内，把城市和农村都包括进来，要使低于某一标准的城市和农村居民都可以享有最低生活保障待遇，以保障城市和农村居民生活。其他的就业保障、医疗保障等是社会最低生活保障制度的延伸。国家可以考虑建立一个统一的最低生活保障标准，各省和地区依据这一标准进行调整。对于进城农民，如果已经放弃了耕地和宅基地，符合低收入家庭标准的应享受城市最低生活保障待遇；但如果未放弃耕地和宅基地，其是否能够享受最低生活保障待遇应参照农村最低生活保障制度标准。社会保障制度也应随着社会发展进步进行调整不断完善，其标准也应随着居民收入的提高而提高。这对地方来说，财政的负担可能会大一点，但只要经济发展基本面还可以就应该给予解决，这有利于促进城镇化的发展和社会的和谐。

五是要解决好城镇化建设的资金问题。地方要扩大城镇化规模，靠土地财政这条路是行不通的，不能老靠卖地来建设。那么依靠发行地方债务能不能解决？如果全靠发行地方债务解决，地方欠债就会越来越多，将来早晚会出问题。那么城镇化的巨额资金如何筹集？一部分可以靠政府筹集，比如义务教育的实施，某些医疗卫生设施、消防设施、环境治理设施以及廉价房的建设等，政府财政应承担这些费用。另一部分主要是要依靠市场，比如商业性的设施、高档住宅的建设、某些文化娱乐设施的建设、民办医院、民办高等学校和职业技术学校等教育设施的建设，可以通过市场筹集。问题在于公用事业建设的钱从哪里来？城市的供水、供气、供热、供电、公共交通等，既不能完全靠财政，也不能完全靠市场。因为公用事业一般投资周期长、回收期长，企业都是以盈利为目的，不愿意投入大量的资金在公用事业方面。所以，必须走出一条新路，想出一种新办法。可以考虑学习借鉴发达国家城市化的经验，建立城市公共建设基金，“政府出点钱作为种子基金，更多的是靠吸引民间筹集，投资机构投资等，这样的话就可以既符合规划，又把城市建设得更好”。

厉以宁说，改革开放40多年来，我国经历了历史上规模最大、速度最快的城镇化进程，在经济社会发展方面取得的成绩有目共睹。但大城市不堪重负和中小城市、小城镇发展乏力等问题也有所显现，需要在城镇化实践中积极研究和探索解决。

（原文载《纵横》2020年第9期）

对收入分配问题的思考与建议

党的十九届六中全会通过的《中共中央关于党的百年奋斗重大成就和历史经验的决议》指出，立足新发展阶段，要在高质量发展中促进共同富裕，这就指明了共同富裕的实现途径和努力方向。而推动共同富裕，需要“努力建设体现效率、促进公平的收入分配体系，调节过高收入，取缔非法收入，增加低收入者收入，稳步扩大中等收入群体，推动形成橄榄型分配格局，居民收入增长与经济增长基本同步，农村居民收入增速快于城镇居民”。厉以宁很早就开始了对共同富裕和收入分配问题的思考，特别是作为全国政协常委、经济委员会委员和副主任的15年间，他在调研考察、会议论坛、讲座讲堂和接受媒体采访等多个场合，持续深入地阐述了他对收入分配改革问题的观点和看法。

对三次分配的最早发声

厉以宁是我国最早关注三次分配的经济学家。改革开放伊始，当学界和社会尚处于讨论初次分配和二次分配问题时，厉以宁就开始了对第三次分配的研究和思考。

1980 年 12 月，厉以宁在刊发于《北京大学学报（哲学社会科学版）》第 6 期的《论教育在经济增长中的作用》一文中谈到，在当前的情况下，应当把逐步减少平均主义和贯彻按劳分配放在首位，在提高广大职工实际收入水平的前提下，尽可能按劳动的数量和质量给予报酬，若干年后某些人的收入可能上升得更快，假定收入分配差距的扩大引起了社会上一部分人的不安，那么国家就应通过适当的调节（如提高累进制的个人所得税税率，征收遗产税等）使收入分配差距缩小。收入分配问题的有效解决途径，归根结底在于国民经济的发展和国民生产总值的增长，在于技术的不断创新、劳动生产率的不断提高。而教育在协调经济增长过程中收入分配和经济效率之间关系方面的主要作用正在于此。

1991 年 10 月，厉以宁在《北京大学学报（哲学社会科学版）》第 5 期发表的《论共同富裕的经济发展道路》一文中，提出了共同富裕是社会主义的根本原则，并谈到了共同富裕与市场机制、政府的收入调节政策之间的关系，认为市场机制对于收入及其分配状况既有积极作用，也有扩大收入差距的作用。从共同富裕和维护社会安定的角度来看，避免收入差距过大是必要的。由于市场在收入调节方面的局限性是显而易见的，因此政府对个人收入的调节是必要的，政府调节不仅包括以征税方式从高收入者那里取走一部分收入，以缩小人们的收入的差距，还包括以各种方式对低收入户进行补助、扶植，增加他们的收入或提高他们获得收入的能力，从而缩小人们收入的差距。在收入分配领域内，“公平”是同社会主义按劳分配原则的贯彻相联系的，“公平”与平均主义是不相容的，按劳分配原则的贯彻就起着提高劳动者的积极性和提高效率的作用。但是从宏观经济的角度考察，我们不能以实行按劳分配为满足，效率的提高将有利于经济的发展和社会生活水平的提高，社会仍需在公平与效率并存、协调的基础上继续前进。

由此，厉以宁最早提出了影响收入分配的第三种力量——道德力量。他认为，影响收入分配的第一种力量是市场机制，第二种力量是政府的调节，第三种力量是道德力量。道德力量是超出市场机制与政府调节的力量之外的又一种可以影响收入分配的力量。如果说市场机制的力量主要是对收入的初次分配发生作用，政府的力量既对收入的初次分配发生作用，又对收入的再分配发生作用，那么道德力量则对收入的初次分配和再分配的结果发生作用，即影响已经成为个人可支配收入的使用方向，包括个人间的收入转移、个人的某种自愿的缴纳和捐献等。道德力量作用之下的收入分配，与个人的信念、社会责任心或对某种事业的感情有关，基本上不涉及政府的调节行为。而且道德力量作用下的收入分配是完全自愿性的，社会上有这种信念、社会责任心或对某种事业有感情的人越多，个人自愿缴纳或捐献的数额就越多，道德力量对缩小社会上收入分配差距的作用也就越大。刚开始，社会上可能只有少数人自愿转移出一部分收入，从而对缩小收入差距的影响很小，但从长期来看，道德力量对于缩小收入分配差距的作用是会逐渐、缓慢增大的，所以我们可以把这一逐渐、缓慢变动的趋势列为一个有待于研究的课题。

初次分配更重要

厉以宁对初次分配的作用和意义非常重视。他多次在全国政协经济委员会召开的座谈研讨会议和北京大学光华管理学院的讲坛讲座上讲到，要通过初次分配，让社会和民众感受到劳动伟大、劳动光荣的真实和荣誉，感受到劳动致富的易得和幸福。初次分配可通过三个途径来解决收入分配问题：一是提高最低工资标准。因为物价上涨，最低工资标准不提高，就无法提高劳动收入水平问题，劳动收入占国民收入的比例就下降了。二是要逐步提高农产品销售和售后价格。在农村，种粮食是最不挣钱的，种粮食的人是比较穷的，所以农产品销售和售后价格需要逐步提高。三是要大力创办农民专业合作社等社会化服务组织，结合实际推进农业产业化发展，让农民从延伸产业链条中得到更多实惠。

2013年1月26日，厉以宁在中国经济年会开幕式上发表演讲时表示，收入分配制度改革应以初次分配为重点。由于受历史原因和诸多现实因素限制，市场经济规律下的完善分配制度还没有形成，一些群体在市场中容易受到不公平待遇。为此他建议收入分配改革的重点应该放在初次分配上，一是尽快健全完善市场，早日形成生产要素的供方、需求方公平竞争的环境，早日形成商品生产者之间公平竞争的环境，打破行业垄断，消除所有制歧视。二是让农民成为清晰的产权主体、明确的市场主体，让土地的流转在各个产权主体、市场主体之间有序地进行，保证农民有财产性收入。三是在劳动力市场上让买方和卖方的地位趋于平等，消除不对称行为。四是在二元劳工市场存在的情况下，加大职业技术教育，大力提高职工的教育程度，促使低劳工市场向高劳工市场转变。五是鼓励农民和低收入家庭成员自行创业，创办小微企业以增加收入。

9月26日，厉以宁在中山大学岭南学院的演讲《中国宏观经济形势和新一轮的经济改革》中，就宏观调控、土地确权、收入分配等问题全面阐述了自己的观点。厉以宁讲到，收入分配是我国现阶段的一个重大问题。改革的重点应放在初次分配上，二次分配虽然也重要，但是初次分配更重要。所以农民必须有产权，受雇方跟雇佣方必须能有对等地位的谈判。因为与雇佣他们的大企业相比，单个的农民工和在企业里上班的城里人都处于弱势，谈判地位是不均等的，工资水平的制定很大程度上是由雇主说了算，这就是初次分配的问题。这个问题要想办法解决，如果这个不改，始终是强者和弱者处在不平等的地位上。

12 月 18 日，厉以宁在《新华日报》上撰文讲到，收入分配制度改革的重点一定要放在初次分配上，因为这是导致社会收入差距连续扩大而且问题难以治理的重要原因。在现阶段的中国，由于市场机制受历史、行业垄断、计划经济体制等各种因素的影响，还未能真正形成由市场调节作为基础性调节的收入分配格局。因此要进行收入分配制度改革，重点一定要放在初次分配上。

2014 年 1 月 5 日，在第二届工商行政管理创新发展高层研讨会上，厉以宁再次谈道："社会收入分配制度改革重点是初次分配。""初次分配是最基本的。初次分配如果没有改革，二次分配搞得再好也没有用。"初次分配的问题之一是劳动力市场中供求双方地位的不均等；问题之二是农产品市场领域里单个农户是弱势；问题之三是教育资源配置不均衡，人均教育经费城市多农村少。这些都亟须改革。3 月 6 日，全国政协十二届二次会议在人民大会堂新闻发布厅召开记者会，厉以宁在回答香港卫视记者的提问时，又一次谈到收入分配领域存在的主要问题是初次分配不公平。初次分配不公平，再怎么第二次分配都不管用，必须认真考虑国情，加快以改革的方式解决这一问题。

二次分配的重点应该是解决城乡社会保障一体化

厉以宁认为，二次分配的重点应该是解决城乡社会保障一体化问题，可以从四个方面来考虑推进：一是对贫困户和灾民的救济。政府要加大对贫困地区扶持力度，出台有利于缩小收入差距的政策措施，根据各地区的不同情况，实施不同的扶贫项目。二是利用税收调节。个人所得税问题不仅仅在于提高征税的起征点，更重要的是根据家庭的负担，根据家庭的收入来调节税收，有家庭有孩子的人的负担是不一样的。三是统筹城乡发展，加快推进城乡社会保障一体化政策的实施。四是适时考虑开征遗产税、赠予税、房产税等问题。这些是二次分配需要逐步解决的问题。

2011 年 11 月 26 日，厉以宁在中国经济学家年度论坛暨中国经济理论创新奖颁奖典礼上讲到，当前国内城乡收入差距不断扩大主要原因在于农村在物质资本社会资本和人力资本上不占优势、二元劳工思想造成的阶层固定化和“职业世袭”怪相、乡村能人外迁以及二次分配并未发挥应有作用等，想要解决城乡收入差距问题，应从给农民以产权、优化教育资源配置以及加快城乡社会保障一体化等方面来解决，否则就可能会造成二次分配弥补不了初次分配的缺陷，甚至还扩大了初次分配差距的情况。

2012 年 12 月 9 日，厉以宁在第十二届中国经济论坛上指出，任何发展阶段都有陷阱，中等收入阶段有陷阱，低收入阶段陷阱更普遍。而要避免所谓的中等收入陷阱，就需要回归实体经济，需要进行制度创新和产业升级，这就需要良好的市场和激励机制，因此一定要扩大内需，而扩大内需最重要的是缩小城乡收入差距。在当下的中国，贫富差距比较大的一个重要原因是二次分配有问题，西方发达国家是一次分配不足、二次分配缩小差别，二次分配通过税收、补贴、福利待遇就把差距缩小了；而我们则存在二次分配扩大了一次分配差距的现象。如果能做到城乡社会保障一体化，“不仅可以绕开中等收入陷阱，即使将来进入高收入社会，也仍然会继续前进”。

2013年10月14日，厉以宁在《大国大时代——中国经济十月谈》系列时事报告会上发表的主旨演讲里谈到，我国有城乡两种户口，城里人的很多福利农民是享受不到的。比如医疗，城市的职工享受公费医疗，农民是合作医疗，合作医疗还是要交钱的，所以二次分配需要改革。目前我国的城镇化正在进行中，在城镇化过程中人的城镇化是主要的，其中社会保障一体化更是重中之重，这就是我国经济社会整体的升级问题。在我国所有的双重改革的历程和经验里，类似这样体制的转型加上发展的转型，为全世界做出了贡献。

同年12月下旬在接受《北京日报》记者的采访时，厉以宁讲，按照经济学理论，初次分配是市场调节下的分配，初次分配不足，要靠二次分配来补。但根据部分区域的调查显示，二次分配后城市和乡村的收入差距比一次分配还扩大了，于是就出现了社会阶层凝固化、职业父子相承等现象。要解决这个问题，就要推进二次分配改革，当前的重点是加强城乡统筹，推进城乡社会保障一体化，解决低收入者的后顾之忧，从而扩大消费、拉动内需，带动更多的人就业。

以第三次分配　协助解决收入分配难题

在 1994 年出版的《股份制与现代市场经济》一书中，厉以宁对第三次分配又做了进一步阐释。他认为，通过市场机制实现的收入分配，称为“第一次分配”；通过政府调节进行的分配，称为“第二次分配”；个人出于自愿，在习惯与道德的影响下把可支配收入的一部分或大部分捐赠出去，可以称为“第三次分配”。第三次分配在计划经济体制下是很少或者不存在的，只有在市场经济有了一定发展、一部分社会成员积蓄了较多资产后才可能引起社会注意。对于用于社会公益事业的捐献，应该免税，以便鼓励、引导更多的人把自己的财产用于公益事业，相信这会有助于缩小贫富差距。

在 1999 年出版的《超越市场与超越政府》一书中厉以宁谈到，在影响收入分配的三种力量中，道德力量是超出市场机制和政府力量之外的，但它同时也对初次分配和再分配发生作用，即影响已经成为个人可支配收入的使用方向，包括个人间的收入转移、个人的某种自愿的捐献和缴纳等。比如，个人自愿为家乡建设捐赠，为残疾人福利组织捐赠，向灾区人民捐赠，向各种文化、体育、教育、卫生、宗教团体捐赠，党员自愿将一部分收入作为党费缴纳等，这些都是纯粹出于个人信念、社会责任心或对某种事业的感情而自发的收入转移。虽然第三次分配是一种资源的、非强制性的收入转移，但并不是同市场与政府完全没有关系的，它能为文化、教育、卫生、环保等事业出力，结果必将有助于社会的协调稳定发展。

自 2003 年开始在政协履职的 15 年里，厉以宁在多个场合呼吁要重视道德的力量、重视第三次分配对收入的调节作用。他认为，未来经济发展要重视“道德力量的调节”，“一定要想法子在现在的社会中把道德力量调节放在重要的地位”。在治理经济方面，应当综合运用道德、政府和市场这三种力量，忽视任何一种力量，经济发展都会遇到大问题。无论从实践需要，还是从理论发展的角度来看，现在都到了三种力量、三种分配方式融合的时候了。

2010 年 6 月，厉以宁在接受人民网记者采访时谈到，近些年来我国政府和企业分配份额呈现双增加态势，但劳动收入在国民收入中所占的比重是下降的，这就需要改变劳动收入在国民收入分配中的格局。可以从初次分配、再分配、第三次分配三个环节着手解决。既要有通过市场实现收入分配的“第一次分配”、通过政府调节进行收入分配的“第二次分配”，还要鼓励、引导个人出于自愿，在习惯与道德的影响下把可支配收入的一部分或大部分捐赠出去的“第三次分配”。

厉以宁认为，坚持以人民为中心的发展思想，构建初次分配、再分配、三次分配协调配套的基础性制度安排，鼓励人民共同创造社会财富，保障人民共同分享发展成果，既是执政党治国理政的目标和追求，也是更好满足人民日益增长美好生活的需要，还是中国特色经济学的重要内容。在《改革开放以来的中国经济》一书的最后一篇《实现国家富强、人民富裕这一光荣而艰巨的历史任务》中，厉以宁再次谈到，相对于初次分配和二次分配而言，第三次分配通常是指基于道德力量作用的收入再分配。根据西方发达国家的经验，“第三次分配”的捐款数额是逐渐扩大的，中国也有相同的趋势。第三次分配与伦理、文化息息相关，要将道德的潜力发挥出来，制定好相关鼓励和引导的制度与政策，完善好相关的法律法规。

厉以宁多次对我们这些学生讲，无论是初次分配还是再分配，都只是作用于收入分配的过程本身，想要影响已经成为个人可支配收入的这部分收入，就必须鼓励、引导第三次分配发挥作用。第三次分配可以使高收入人群的收入用于中低收入阶层的收入增长，但需要高度注意的是，第三次分配应该是完全自愿性的，不能是“劫富济贫”，也不能是强制性要求或道德绑架，而应该是一种文化倡导、精神鼓励和社会引领，以免伤害到一些高收入人群和资本利得者的积极性。基于完全自愿基础上的第三次分配，对共同富裕而言，是一种很好的途径。因为共同富裕是一个过程，只能逐步实现，通过三次分配的结合，先富地区可以给后富地区提供发展所需的资金支持，帮助后富地区居民提高收入水平、提升消费能力，而当后富地区的居民消费先富地区的商品时，反过来又可以进一步推动先富地区可持续发展，这样整个国民经济才能持续、稳定、健康、协调地发展。

（原文载《人民政协报》2021 年 11 月 30 日第 6 版）

对林权制度改革的调研与探索

厉以宁对林权制度改革问题的集中关注始于2003年。当时他刚从全国人大常委会委员、财经委员会副主任卸任，转任全国政协常委、经济委员会副主任。适逢2003年6月《中共中央国务院关于加快林业发展的决定》颁布，确定了林业改革与发展的大政方针，对林业进行了科学定位，林权制度的改革和相关政策的调整开始有了新思路。因此在年底召开的经济委员会主任会议上，厉以宁讲到，林权制度改革尽管是"迟到的改革"，但终于开始启动了，这是一件影响深远的大事。此后，在全国政协经济委员会组织召开的有关调研座谈会和宏观经济形势分析座谈会上，厉以宁多次就推进林权改革阐述了自己的意见和看法。

集体林权制度改革的历程和使命

厉以宁讲，林权改革分为集体林权制度改革和国有林权（主要是国有林场）改革。从时间上讲，我国集体林权制度改革大体经历了土改时期的分山分林到户阶段、农业合作化时期的山林入社阶段、人民公社时期的山林集体所有和统一经营阶段、改革开放初期的林权改革探索阶段，以及伴随着2003年林权制度改革的启动和随后在福建、江西、辽宁、云南等省开展的改革试点，为2008年6月《中共中央国务院关于全面推进集体林权制度改革的意见》的出台奠定了基础，这是指导我国集体林权制度改革的纲领性文件，也意味着集体林权制度改革进入了一个新阶段，一场意义深远的重大改革已经全面启动。

新中国成立以来，我国集体林业发展较快，为经济社会发展做出了重要贡献。但集体林产权不明晰、经营主体不落实、经营机制不灵活、利益分配不合理等问题一直比较突出，严重制约了林业的发展。所以集体林权制度改革是关于农村集体林地林木产权确立并放活经营权、落实处置权、保障收益权的综合性改革，目的是为了进一步解放和发展林业生产力，巩固和发展现代林业，改善生态环境，增加农民收入，促进社会主义新农村建设和促进经济社会可持续发展。

在2003年12月27日，厉以宁在第六届北大光华新年论坛上发表演讲时提到，1978年推行的土地联产承包责任制，使得我国农业得到了极大发展，国内经济迅速告别了票证供应时代。但林业改革当时为什么没有同步推行？主要是担心一些地方和民众对政策了解不够，可能会出现滥砍滥伐现象，因此为求稳妥，在进行农村土地联产承包责任制的时候就没有推进林权制度的改革。到了2003年之所以又开始推进林权制度改革，主要是因为当时城乡差距在扩大、农民增收困难，特别是因为城乡二元体制的存在，山区的农民比一般地区的农民还要困难。因此开展集体林权制度改革，就是为了在集体林地所有权不变的前提下，确立农民的经营主体地位，明晰集体林地使用权和林木所有权，消除林业发展的体制机制性障碍，进一步解放和发展林业生产力，促进传统林业向现代林业转变，逐步实现资源增长、农民增收、生态良好、林区和谐的目标。

集体林权改革的意义 堪比安徽小岗村的土地承包

2007年11月，在国家林业局的支持下，厉以宁牵头组织了4支由北大光华管理学院老师组成的精干调研团队，以集体林权制度改革的现状和遇到的困难为题，分别到福建、江西、辽宁、云南等省，深入乡村一线进行调研，形成了一份《集体林权制度改革的报告》和四个分省报告并上报中央有关部门，对林权改革取得的成就和亟需解决的问题进行了深入研讨，所提建议为有关部门决策提供了重要参考。

2008年8月4日，时任国家林业局局长贾治邦前往北京大学光华管理学院，专程与厉以宁就我国集体林权制度改革进行深入探讨。在贾治邦介绍了集体林权制度改革的有关进展情况后，厉以宁说，集体林权制度改革在我国整个市场化改革中具有重要地位，全面推进集体林权制度改革，需要生产领域、流通领域和行政管理领域一起联动，建立市场机制，合理配置资源，行政机关也要转变职能，以便适应改革的需要。只有这样，集体林权制度改革才能朝着规范、有序、健康推进。而集体林权制度改革的意义不亚于1978年的家庭联产承包责任制改革，要站在更高的高度看待，以科学发展观为指导，抓住重点、总结经验，不断研究、推向深入。

9月中旬，在接受《中国新闻周刊》记者专访时，厉以宁再次谈到集体林权改革的重大现实意义。厉以宁用了6个字概括林权改革："迟到、仿照、超越。"他说，集体林权改革的参照物是农业土地承包制，分散到各户的土地承包制不利于农业规模经营，所以农业增产到一定程度就停止了，只能到后来再设法予以弥补。但集体林权改革就不存在这方面的问题，一开始就明确了在不改变林地用途的前提下，可依法对拥有的林地经营权和林木所有权进行转包、出租、转让、入股或作为出资合作条件，进行规模化经营，这个意义是很重大的。

9月28日，国家林业局在北京大学光华管理学院报告厅举行集体林权制度改革论坛。厉以宁做了"集体林权制度改革的思考"的主旨发言并现场回答了记者提问。厉以宁讲，林权制度改革虽然是"迟到的改革"，但它超越了农村的土地承包制改革。

一是林地的承包制年限是70年，这同实行土地承包制时只有30年的期限是不一样的，“爷爷种树，让孙子来砍”，有利于承包人安心和放手经营。二是明确规定了林地承包经营权的转包、出租、转让等流转方式，可有效解决单个农户分散经营中存在的一些问题，促进规模经营。三是允许以林地使用权和林木所有权作为抵押，拓宽了林业融资渠道，有利于提高林地的经营效率。四是可结合城乡二元体制改革进行，探索林农带资进城和落户问题。五是能够推进农民林业专业合作社和林业产业化的发展。六是有助于探索一条适合国情的林业发展模式，国有林场、农民林业专业合作社、林业股份公司和农民家庭林场并存。

厉以宁谈到，林权制度改革作为我国改革中的一件大事情，其重大意义不下于安徽凤阳小岗村的土地承包。如果27亿多亩集体林地能发展起来，下一步就能够做到我国经济的可持续发展，生态环境就能得到更好的保护、更好的发展。在回答《新京报》等记者关于把集体山林分到一家一户经营后如何解决小生产与大市场对接的问题时，厉以宁说，可以通过两个方式来进行，一个是“分”，农民在这个基础上可以成立林业专业合作社，把农民组织起来，力量就比单个人强；另一个是“合”，林农最好能和龙头企业合作，从产业链来说是一个更好的方法。

对集体林权改革的思考与建议

2008年11月29日，首届中国经济学家年度论坛暨中国经济理论创新奖颁奖典礼在北京大学举行。厉以宁在论坛上讲到，集体林权制度的改革是新阶段改革的第一声春雷，是城乡一体化改革的重要组成部分。林业是包含在大农业范围的，林区农民是农民的一部分。但我国林业的优势没有发挥出来，如果把山林全部利用起来，发挥它的效益，农民从中获得的利益将远远超过农业。因此只有通过改革，充分释放山林的潜力，让农民看到了依山致富的希望，才能激发农民发展林业生产经营的积极性，从而走上山区脱贫致富的道路。

2010年9月25日，在由国家林业局、美国产权与资源组织和北京大学举办的“林权改革国际研讨会”上，厉以宁谈到集体林权制度改革带给人们的启示：一是调动了亿万农民自主创业的积极性，把人力资本和物质资本更有效率地结合在一起，使社会经济面貌发生巨大的变化。二是把林业从粗放型经营转到集约型经营的轨道，推动了创业，带动了就业，为农民开创了靠山致富的门路。三是林业产值增长的关键在于林产品产业链的延伸，促进了与林业有关的现代服务业和现代物流业的发展。四是把民间资本引入林业建设，为民间资本提供了可投资空间。五是林地和林木流转及抵押等规定，对于振兴林业、提高农民收入及推进城镇化建设都具有重要意义。六是农民把植树造林和经营家庭农场同市场需求联系在一起，有利于生态的长远保护。七是所创造的机会均等、政策的合适与配套等为山林地区的农民走上共同富裕道路提供了广阔空间。八是制度创新是发展林业、建设山区的根本途径，今后国有林地的制度创新可以从集体林改中借鉴。

在 2011 年 11 月 28 日召开的全国集体林权制度改革专家座谈会上，厉以宁高度评价了我国集体林改成效。他说，集体林权制度改革的第一个突破是采取产权量化给个人的做法，只有将林权量化给个人，农民的积极性才能被调动起来，他们对资产的关切度才能大大增加，农民也能凭林权证自愿参加合作社。他建议，下一步深化林改应搞好农村抵押贷款，就是要建立农村信用担保中心和农村产权交易中心，让农民就可以借到钱，银行也可以收到利息。

2013 年 4 月 21 日，厉以宁在林下经济与低碳发展战略研讨会上讲，林下经济发展对实现低碳可持续发展具有重要意义。一是林下经济所生产的产品是绿色产品，增加的是绿色 GDP，实现的是绿色增长。二是林下经济为返乡农民工提供了绿色就业平台，不砍树能致富，不出乡也能致富。三是随着经济社会发展，林下经济所生产的产品绿色、无污染，是绿色外贸的稀缺品。四是林下经济的发展为农民增收致富提供了一个新的选择和突破口，帮助他们实现绿色致富。五是当前许多地方的城镇化不是以人为本的城镇化，而是片面地强调圈地盖楼，这对经济社会发展有很大的危害性。林下经济发展能促进林区农民增收致富，带动林区小城镇建设，这是一种很好的模式，值得总结借鉴。

11 月下旬，厉以宁率全国政协经济委员会专题组到浙江省龙泉市、江山市就“林权流转和林业金融发展”问题进行实地调研。调研组走企业、看基地、与村民面对面交流，深入了解当地的林地流转操作流程，考察股份制林权流转现场，并深入相关林权管理服务中心、林地承包经营权仲裁庭、用材林基地、林业专业合作社等，就林权流转和林业金融中的贷款人信用记录建立、贷款被抵押物处理、林权抵押财产价值评估、林权抵押贷款适用林地范围等问题进行了深入调研，形成了《关于林权流转和林业金融专题调研的报告》。厉以宁认为，林权流转和林业金融发展将成为下一步农村改革的重要着力点，应着力健全林权流转法律法规体系，鼓励实行林地经营权流转制度；规范森林资源资产评估标准，因地制宜完善林权价值评估机制；建立林权集中交易平台，提供林权抵押资产处置机制保障；放宽准入，发展适合林业融资需求特点的林业民营银行等。

2016 年 6 月 27 日，厉以宁在《人民日报》上发表了《中国特色经济学的建设和发展》一文，就从林权改革到农村土地确权为中国特色产权理论的建立做出的贡献进行了阐述。他说，2003 年开始的新一轮集体林权制度改革为下一阶段的农村土地确权做了准备。集体林权制度改革使农民真正拥有了林地的经营权、林木的所有权及处置权和收益权，这是农村家庭承包制度从耕地向林地的拓展和延伸，是农村基本经营制度的丰富和完善。但农村家庭联产承包责任制推广时，并未经历土地确权阶段。现在林地确权了，发了产权证，明确了财产权，林农安心了，就应该轮到农村土地确权了。具体地说，农民的承包地有承包经营权，农民的宅基地有宅基地使用权，农民在宅基地上自建的住房有房产权。这样，农民的心就定了，使农民的财产权益得到保障，也使农地承包户成为真正的市场主体。同时，也为以产权界定、产权清晰、培育真正市场主体为主要内容的中国特色产权理论建立奠定了坚实基础。

2019 年 6 月 30 日，国家林业和草原局发布的消息说，自 2009 年集体林权改革全面推开以来，十年来全国集体林权制度明晰产权、承包到户的基础改革任务基本完成。通过改革，实现了资源增长、保护生态的目标，带来了“民富林兴、生态好转、经济发展、社会和谐”的可喜局面。

对国有林权改革的调研与探索

国有林权主要涉及国有林场和国有林区。其中国有林场的林地面积 8.7 亿亩，目前由省、市、县分级管理；国有林区的林地面积 9.9 亿亩，目前主要由国有森工企业经营管理。国有林场是新中国成立初期，为优化生态开发空间格局，加大自然生态系统保护力度，由国家投资在国有宜林荒山荒地建立起来的专门从事营造林和森林管护的林业事业单位。全国现有国有林场4855个，分布在31个省份的1600多个县（市、区）；国有林场现有职工75万人（其中在职职工48万人）。国有林场在我国林业发展中发挥了重要的骨干、示范和带动作用，特别是在森林培育和保护方面取得了巨大的成就，但长期以来国有林场存在功能定位不清、管理体制不顺、经营机制不活、支持政策不健全等问题，林场可持续发展面临严峻挑战，因此国有林场改革迫在眉睫。

集体林权改革全面推开以后，厉以宁就把调研和探索的重点转向了国有林场改革，在多个场合为推动国有林场的改革鼓与呼，认为国有林场“不城不乡、不工不农、不事不企”的窘境必须改变。2011年11月28日，厉以宁在全国集体林权制度改革专家座谈会上讲，集体林权制度改革的成效对国有林场改革具有借鉴意义，但不能照搬。国有林是国家的森林储备，管理权限一定要明确，可以由省级或地市级管国有林场，但仅限这两级管理。国家或县级以下都不宜直接管理国有林场，以免发生各种各样的问题。中国的国有林场形式应是多样化的，一是国家森林公园、生态保护区兼旅游业的模式，这样的模式有助于把林地经营得更好。二是森林工业模式，由国家控股的森林工业公司代管国有林场。这样的好处是确保公益林不砍，有些地方则可种可砍，森工企业自己会安排出长远的计划；三是国有林场向家庭林场转变，国有林场的员工既是职工，又是林地的承包户，有助于林业经济的发展和林农收入的提高。总之，应积极探索国有林改革之路，不建议笼统地说国有林场企业化，这种说法易于简单化，容易造成林地乱转让、乱开发等，应为子孙后代多着想。

2013 年 4 月 21 日，厉以宁在林下经济与低碳发展战略研讨会上谈到，现在集体林地改革基本到位了，但国有林场的改革却比较难，之所以难改是因为政企不分的问题。政企不分，国有林场受到很多限制。是企业的，就按照企业的方式运作；是公益服务性事业单位，就把主要精力集中到森林资源保护和培育上来。国营林场既可以改为一场两制，又可以改为森林工业公司经营，还可以与国家风景区结合在一起进行管理。总之，可以采取多种形式，但发展林下经济对各种形式的国有林场都是有好处的。

2013 年 8 月 5 日，经国务院同意，国家发展改革委和国家林业局正式批复了河北、浙江、安徽、江西、山东、湖南和甘肃等 7 省国有林场改革试点实施方案，我国国有林场改革试点进入了实质推进阶段，厉以宁更是全身心投入到对国有林场改革的调研与探索中。

在 2013 年 11 月出版的《中国经济双重转型之路》一书中，厉以宁谈到，目前国有林场究竟如何改制？大体上有以下几种方式正在探索推进。比如，森林工业企业承包经营、国家森林公园经营、国有林场改为事业单位编制、“一场两制”等，各有各的适用范围。这些试验都还有待于总结，试点的成果也有待于进一步实践的检验。但从实践来看，“一场两制”可能有较大的适用性。这里所说的“一场两制”是指在一个国有林场内，两种体制并存，一是国有林场直接经营体制，二是国有林场职工承包经营体制。

厉以宁认为，尽管“一场两制”的试验具有较大的适用性，但不能因此否定其他各种改革探索和试验在某种情况下的适用性。不同的试验模式，各有其适用范围和优势。一是森林工业企业承包经营方式，可能适用于某些以商品林为主、公益林和生态林为辅的国有林场。二是国家森林公园经营方式，可能适用于某些风景区。三是把国有林场改为事业单位编制的做法，可能适用于国有林地面积较小的一些地级市。总之，国有林场的经营方式是多样化的，不可能只有一种方式。一切都要通过实践的检验，而实践的检验往往是滞后的，要有耐心，并且需要时间，现在不必急于下结论。

2014 年 8 月 17—24 日，厉以宁率全国政协经济委员会专题组到黑龙江伊春市、大兴安岭地区围绕“大型国有林场体制转型”问题进行调研。调研组先后深入梅花河小镇、万亩蓝莓基地和漠河县宜家木业有限公司、大型菌类养殖基地等进行实地调研，对林产工业、生态旅游、林下经济等产业发展现状进行实地考察，并与林场各层面干部和职工进行了座谈交流，听取了林区经济社会发展现状、地方国有林场和森工林场发展和管理情况、林区经济转型发展面临的问题和相关建议等。厉以宁在代表调研组发言时谈到，推进国有林场改革重点应加强顶层设计和分类指导，要因地制宜推进经营体制改革和转型发展，加快林业碳汇交易制度建设，并逐步健全国有林区生态保护补偿机制，通过国有林场制度改革，要达到保护好、利用好森林资源，以及改善和提高林区群众生活质量的目的。调研结束后形成的信息专报，得到了有关方面的重视和批示。

2015 年 3 月 17 日，中共中央国务院印发了《国有林场改革方案》和《国有林区改革指导意见》，提出国有林场改革的总要求是按照分类推进改革的要求，围绕保护生态、保障职工生活两大目标，推动政事分开、事企分开，实现管护方式创新和监管体制创新，建立有利于保护和发展森林资源、有利于改善生态和民生、有利于增强林业发展活力的国有林场新体制。同时就林区改革提出要以发挥国有林区生态功能和建设国家木材战略储备基地为导向，以厘清中央与地方、政府与企业各方面关系为主线，积极推进政事企分开，完善支持政策体系，建立有利于保护和发展森林资源、有利于改善生态和民生、有利于增强林业发展活力的国有林区新体制。

随后两年，厉以宁在全国政协经济委员会召开的有关会议、北京大学的讲堂和地方政府的论坛等多个场合就落实《国有林场改革方案》和《国有林区改革指导意见》提出自己的观点和看法。他说，国有林场兼具社会、经济和生态效益，对其进行改革具有重要意义。但由于国内林场起点高低各不同，改革要贯彻分类经营管理理念，进一步落实精细化管理的思路，实现林场和林区经济社会和谐高效发展，要借助林场独特资源优势发展种植养殖和生态旅游等经济，促进林业经济更好地增长。尤其是要解决好林管机构体系庞大、人员众多、管理成本较高等问题，建立一个和林场实际情况相符的运行体系，创造国有林场经济发展的新的经济增长点，为实现国有林场和国有林区的经济、社会、生态可持续发展营造一个良好环境。

2019 年 12 月 30 日，国家林业和草原局发布消息说，我国从 2015 年启动国有林场改革，在保生态方面，改革实施 4 年多来，全面停止天然林的商业性采伐，全国国有林场 6.7 亿亩森林资源得到有效保护，森林得到休养生息。通过改革，我们国有林场的森林面积净增了 1.7 亿亩，森林蓄积量净增了 6.1 亿立方米。截至 2019 年底，4855 个国有林场改革任务全面完成并通过国家验收，改革确定的保生态保民生两大主要目标如期实现。

（原文载《纵横》2020 年第 5 期）

资本市场的改革与发展问题

资本市场是金融市场的重要组成部分。厉以宁作为我国“经济体制改革的积极倡导者”，是我国资本市场理论的主要提出者和奠基人，他最早提出了股份制改革，并主持起草了《证券法》和《证券投资基金法》，为我国经济改革发展和制度创新、社会主义市场经济理论发展做出了突出贡献。在政协履职期间，厉以宁多次就资本市场改革和发展问题建言发声，强调发展多层次资本市场是中国经济的改革方向，有利于构建完善的现代金融体系，有利于提高金融服务实体经济的效率，从而更好发挥资本作为生产要素的积极作用。

注册制是股市改革的根本方向

早在 20 世纪 80 年代初，厉以宁就在不同场合积极倡导进行股份制试点，“厉股份”的别号在中国经济学界、传媒界不胫自走。随着改革的深入，股份制理论成为当时中国最流行的经济思潮之一。

2005 年 4 月初，厉以宁在全国政协经济委员会召开的调研座谈会上回顾这一段历史时谈到，股票发行制度是资本市场最根本、最基础的制度，在股份制改革实践中，我国创造性地采取了“存量不动、增量先行”的做法，即国有大企业的股份分为两类，一类是非流通股，即“存量不动”；另一类是流通股，即“增量先行”，这样国有大企业终于走上了股份制改革道路。后来为了便于更多的企业包括国有企业、混合所有制企业和民营企业能够上市，又及时制定出台了《证券法》。1998 年《证券法》通过后，中国股份制的第二次改革就接着展开了。这次改革的主要做法是股权分置，目的是为了把数额巨大的非流通股变为流通股，并对国有大中型企业实行规范的公司制改革，使企业成为适应市场的法人实体和竞争主体。股权分置改革对恢复资本市场功能，重构现代金融体系，深化国有企业和国有资产管理体制改革具有重要意义，它是政府和企业界、证券界、经济学界共同努力的结果。

对于注册制，厉以宁谈到其实在起草《证券法》的时候就已经谈论过，但当时由于时机还不够成熟，就暂时放下了。随着时间的推移，资本市场发展中体制缺陷等问题逐渐显现，市场规模偏小、发展不够规范等问题严重阻碍了资本市场的发展。2012 年 7 月 16 日，厉以宁在经济委员会组织召开的“上半年宏观经济形势分析座谈会”上讲到，要充分利用资本市场，早日建成完善的资本市场体系，中小企业板、创业板、“新三板”都要尽快建立或完善。在过去的20多年里，我国的股票发行经历了从审批制到核准制的不同发展阶段。但随着改革深化和市场发展，股票发行核准制的缺陷和不足逐渐突出，现在已经到了实施股票发行注册制改革的时候了。注册制改革的核心在于理顺政府与市场的关系，它是一种更为市场化的股票发行制度，既可以较好地解决发行人与投资者信息不对称所引发的问题，又可以规范监管部门职责边界，避免监管部门的过度干预。

2013年11月底，厉以宁在为北大光华管理学院师生解读《中共中央关于全面深化改革若干重大问题的决定》时谈到，党的十八届三中全会明确提出，推进股票发行注册制改革，即以发行人信息披露为中心，由监管部门对发行人和中介机构的申请文件进行合规性审核，在充分信息披露的基础上，由投资者自行判断企业价值和风险，自主做出投资决策，这对资本市场而言具有划时代意义，将引发股市格局的重大变化。同时，市场也会变得更加理性、成熟，企业能否上市、融资，将在真实信息披露的基础上，由市场中的买方即投资者说了算；在股票发行注册制改革下，市场将更加重视企业实绩和价值投资。

2015年1月18日，厉以宁在新华社《经济参考报》、新华网和《财经国家周刊》共同主办的“第二届中国财经领袖年会暨2014中国财经年度人物推介活动”上发表获奖感言时再次呼吁，上市公司应早日推行注册制，而不再实行审批制，“自从《证券法》起草就开始讨论资本市场问题，我认为中国资本市场到现在为止应该放手了，不能再像管小孩子一样管起来”。

2016年两会结束后，厉以宁在谈参会感想时谈到，还是应尽快实施股票发行注册制。现在的核准制对企业上市的要求比较高，许多优质企业或有发展潜力的企业很难达到上市要求，因此不少国内优质企业就谋求去香港或美国上市。在美国上市，美国的投资者可以获得这些优质企业高速成长所带来的红利，而国内投资者只能望洋兴叹。而且在美国上市还有一些不可控的风险因素，因此在国内实行注册制可以让更多的优质企业或有发展潜力的企业在国内融资，融资来的资金可以用来扩大再生产或转型升级，国内的投资者也能享受到这些优秀企业成长和发展所带来的红利，从而促进消费和拉动就业。

2018年11月5日，习近平总书记在首届中国国际进口博览会开幕式上宣布设立科创板并试点注册制的重大决策。2019年7月22日首批科创板公司上市交易。此后，党中央、国务院决定推进创业板改革并试点注册制，2020年8月24日正式落地。得知这一消息，厉以宁非常振奋，他不顾身体不适，高兴地跟前来拜访和看望他的师生和企业家说，注册制改革关乎资本市场发展全局，打造一个规范、透明、开放、有活力、有韧性的资本市场，有利于发挥市场配置资源的决定性作用，有利于提高资本市场服务实体经济的效率，对中国经济发展的下一程意义重大。

加强资本市场监管

厉以宁认为，资本是带动各类生产要素集聚协同的重要纽带，对促进生产力发展有着重要作用，但它也有其自身的逐利本性和运行规律，容易形成垄断和陷入无序扩张。因此在鼓励资本发展的同时，也应对其加强监管，以鼓励和引导资本规范健康发展，从而为经济高质量发展助力“添翼”。

2006 年 9 月，厉以宁在全国政协经济委员会召开的“金融改革与发展”座谈会上讲到，近年来我国资本市场取得了一定发展，但仍存在一些亟待解决的深层次矛盾和问题，如果监管还没有跟上去，一遇到风吹草动，就会出现一人生病全体吃药的状况。所以监管要加强，规范的市场可以增加人气，人气有了，股市才能上去，发企业债券也才好办。

2007 年 11 月下旬，厉以宁在浙江宁波“全国政协暨各省区市政协经济（农业）委员会工作经验总结交流会”上，在《关于经营理念转变》的报告中谈到，就证券市场而言，迄今为止中国的股市基本上是一个封闭的股市，中国企业在国外上市的比重很小，中国人很少去国外买股票，外国企业也很少来中国买股票，这种状况在未来可以探索推进双向开放和改变。要让群众有更多的财产性正收入，要对股民进行风险教育，防止股市非理性化的趋势。股市出现动荡时，政府一般不要直接干预，因为股市有其自身的规律，政府只要卡好监管这道关，就行了。

2016 年 3 月 10 日，全国政协十二届四次会议举行第二次全体会议，厉以宁在《从供给侧结构性改革的角度看国企改革》的发言中谈到，国企混合所有制改革中职工的持股制度，应吸取 20 世纪 90 年代某些国有企业实行职工持股，后来逐渐解体、消失的教训，一定要规定严格的职工持股程序，要有严格的限制，严格规定持股的程序。

2019 年底，厉以宁在家中跟我们几个学生谈到，目前国内各种投资基金看起来很热闹，但作用怎么样、效益怎么样、管理怎么样、风险怎么样？需要相关部门认真梳理和总结研究，从建立、运营到退出机制、投资者保护等都要很好地研究。资本在促进经济发展的同时，也是要逐利的、获得利润的，因此要加强对资本的监管，防止资本边界的过度延伸，防止资本靠垄断获取高额利益，从而挤压实体经济的发展愿望和盈利空间。要在社会主义市场和法治框架下，正确认识和把握资本的特点和规律，积极引导资本健康发展，让资本在促进经济社会发展中发挥正向积极作用。

加快发展多层次资本市场

厉以宁认为，资本的形态多种多样，资本的构成也是多种多样的，当前我国经济发展进入了新时代，实现经济高质量发展，实现经济由大到强的转变，需要加快发展多层次资本市场。

2010年11月，厉以宁在接受《深圳特区报》的采访时谈到，如果从宏观的角度来总结资本市场对中国经济和社会发展的贡献，至少有六个方面。一是推动了中国经济的高速增长；二是极大地推动了中国企业的转型；三是改变了中国传统的金融体系，使商业银行走向现代化制度；四是有利于改革投融资体制；五是培养了一批真正懂市场的企业家，以及和资本市场相适应的中介机构；六是给全社会提供了多样化的可以自主选择的资产，也培养了一批能够抗风险的投资者。虽然中国资本市场建立以来取得的成绩是显著的，但是从总体上看还存在很多亟待解决的问题，特别是在发展多层次资本市场方面还不够。

2011年两会期间，厉以宁在接受媒体记者采访时谈到，当前我国资本市场的结构还不尽合理，除公开股票市场外，其他股权市场发展还不充分，企业债券、公司债券市场等发展不够，资产管理市场虽然发展很快，但存在不规范的问题，衍生品市场发展缓慢，尚未起到稳定市场的作用。要充分利用资本市场，包括创业板、中小板、风险投资以及其他私募股权融资等方式，解决一些中小企业融资难、融资贵的问题，企业也可以通过股权转让进行资产企业重组、并购，促进国企改革、民企转型，从而大力发展混合所有制经济。

2011年11月7日，厉以宁在全国政协经济委员会召开的“关于针对不同地区制定差别化产业政策”座谈研讨会上提出，要充分利用资本市场，在资本市场上要体现政策取向，鼓励西部地区的公司上市，不一定是上主板，可以是第三板或场外交易。12月2日，厉以宁在全国政协经济委员会“2011年度金融沙龙”上谈到，要靠发展多层次的资本市场来解决融资难的问题，多层次的资本市场包括场外市场、柜台交易，扩大企业债券和私募基金的发行规模，都可以在研究探索中规范推进。

2014年12月3日，厉以宁在由全国政协经济委员会办公室、中国政协杂志社、北京银行共同主办的“加快发展多层次资本市场”主题座谈会上谈到，振兴中国资本市场有两个关键问题：上市公司的质量以及证监会能否做好自己该做的事情。为此，一是要促进企业资产重组，提高上市公司质量，使市场规律重新配置资源；二是投资人能够在信息充分的条件下，自主选择投资对象；三是要有健全的公司治理结构，使得企业管理有序运转高效；四是要有一整套市场营销方式，不断开拓产品市场；五是要有一支优秀的研发团队以创新开路。

2015年4月，厉以宁在全国政协经济委员会召开的调研座谈会上谈到，发展多层次资本市场能够为发展现代农业、发展现代保险服务业提供强有力的投融资支持，农业、保险服务业投资需要一个规模大、有深度、多层次的资本市场，需要有多层次的投融资解决方案。10月29日，厉以宁在由北京市人民政府主办的“2015金融街论坛暨第十一届北京国际金融博览会”上发表《金融如何适应新常态》主旨演讲时谈到，我们要适应当前的新常态，必须高度重视农村的改革问题，农村的改革现在主要是土地确权，土地确权以后才有农村的各种新迹象。因为土地确权后就可以抵押贷款，承包地可以抵押，宅基地可以抵押，房子也可以抵押，贷款有钱了以后他就可能变成了拖拉机户、播种机户、小商店主等，这种变化对金融的压力来说是比较大的。资本和金融市场一定要适应新常态，一定要有新的发展思路。

2019 年 11 月，厉以宁在《北京日报》上发表《金融领域新开放需要勇气和耐心》一文谈到，金融开放的核心是进一步市场化，目前中国已经形成了一个多层次、多元化的现代金融市场体系。下一步，中国一定会坚决而有序地加大金融市场的对外开放，一方面更主动地将更多民间资本、地下金融调动起来，另一方面扩大引进外资，让金融业在竞争中性的环境中加速发展。站在历史发展新起点上，金融的改革开放不能拖，更不可止步，要按经济规律办事，进一步解放思想，这需要勇气；但同时，对此也必须有顶层设计，通盘考虑，稳中求进，这也需要耐心。资本市场的建设和完善也是如此。

资本市场改革和发展中应注意的几个问题

厉以宁谈到，中国的股份制、证券市场是在跟世界其他国家不一样的情况下开展起来的，其他国家都是在市场经济过程中自然形成的，而中国则是在计划体制向市场经济过渡和转轨过程中形成的，所以中国资本市场改革和发展的成功，展现了从实践突破到认识突破、再到新的实践突破和新的认识突破的过程。它说明，在经济领域里坚持把马克思主义基本原理同中国具体实践相结合，坚持解放思想、实事求是，就能找到改革的正确方向，就能解放和发展社会生产力。在资本市场的发展和改革过程中，有几个问题需要给予足够重视。

一是要始终坚持资本市场服务实体经济的根本宗旨，始终坚持市场化、法治化的改革方向，始终坚持对外开放。金融内生于实体经济部门，实体经济部门所拥有的金融权是金融体系的一个基础性构成部分。从这个意义上说，资本也根植于实体经济部门，一旦资本脱离了实体经济，资本泡沫的产生便在所难免，因此要不断提升资本市场服务实体经济的能力。发展和利用资本市场，有助于改变传统以银行间接融资为主的融资方式，逐步变成以直接融资为主、市场融资为主的融资方式。在此过程中，也要坚持资本市场的对外开放，因为开放有助于引进市场和竞争机制，有助于催生资源配置的优化过程。特别是要不断完善资本市场的法律体系，健全资本市场和上市公司制度建设，加强信息披露制度建设，进一步疏通和规范资金进入资本市场的渠道，使资本市场在法律的框架下有序有效运行。

二是商业银行应在资本市场发展中扮演主导角色。在国外的证券市场里，大部分国家都是股票占小头、债券占大头，债券市场在资本市场中超过一半以上。我们在大力发展和规范股票市场的同时，也要注重大力发展和规范债券市场。在此过程中，国内商业银行应占主导地位，如果占不了主导地位，将来国内金融市场放开以后，起主导作用的有可能就成了外资银行，那样的话国内商业银行就会处于被动和不利地位。

三是股票投资者应有风险意识。中国的股票市场是在改革的进程中应时而生，但它毕竟起步不久，股市的规范化、法治化建设还存在不足，股民的风险意识还比较淡薄，个别上市公司存在不按照规定公布信息、误导股民的情况。所以投资者进入股市时，应认准上市公司的质量，要买优质企业的股票，而不要走险棋，不能把鸡蛋都放在同一个篮子里；要安于做中长期投资，不要只热衷于短期炒作；要增大心理承受能力，具有风险意识，不能只想着赚大钱，要经得起熊市挫折，经验都是累积起来的。

四是必须高度重视资本市场潜在的风险问题。传统金融风险主要是银行风险，也就是信用风险。而现代金融风险是以资本市场和货币市场为中心，主要是市场交易风险，比如透明度问题、上市公司结构问题、虚拟资本过度增长问题、国际游资冲击问题、风险控制能力问题，还有谣言蛊惑、网络交易冲击、资产证券化带来的风险挑战问题等，都需要加强研究和应对，从而防止意外事件的发生。

五是资本市场要坚持不断改革创新。应从有效推动中国经济发展、构建自主创新经济体系和实现共同富裕的高度去谋划资本市场的发展路径，重点发展股票市场和股权市场，大力发展债券市场，支持区域性股权市场规范发展，适度发展衍生品市场，积极发挥资本市场在并购重组中的主渠道作用，努力把中国资本市场建设成为公正、透明、高效的市场，为生产要素的有效配置做出重要贡献，努力成为更加开放和更具国际竞争力的市场，在国际金融体系中发挥应有作用。

厉以宁说，目前中国的经济新常态是“稳中求进”，新常态下的货币政策应保持稳健，金融业如此，资本市场亦是如此。我们在资本市场改革和发展方面还有许多工作要做，下一步要在优化资本市场结构、建成一个完整的资本市场体系，多渠道提高直接融资比重，加强和改进金融监管，以及防范和化解金融风险、防止非理性化投资等方面下功夫。要积极引导资本市场稳中求进，在资本市场改革与发展历程中，做到登高望远、居安思危、勇于变革、勇于创新，勇做新时代改革与发展的推进者。

（原文载《人民政协报》2022 年 4 月 28 日第 6 版）

怎样做调研

2011年7月7—13日，全国政协常委、经济委员会副主任厉以宁带领“农村金融与小城镇建设”专题组到山东临沂市和东营市调研，经济委员会委员许善达、刘克崮、李育才、蔡继明等参加。当时我任经济委员会办公室农业处处长，有机会第一次陪同厉以宁外出调研，对他调研的细致入微、态度的精益求精、观点的鞭辟入里印象深刻。

“农村金融与小城镇建设”是全国政协经济委员会2011年的重点调研课题。自20世纪末以来，农村金融就一直是我国金融领域的薄弱环节，也是金融体制改革的重点问题。农村金融薄弱不仅是制约农业农村发展的瓶颈问题，也为小城镇建设带来了不利影响，虽然各商业银行等金融机构一直在加大对“三农”领域的支持，一些小额贷款公司等新型中小金融机构也加入了对“三农”领域的投入，但与当时“三农”领域所需要的资金量相比有很大差距，农村金融的“缺血”状况仍没有得到有效改观。同时，在统筹城乡发展、加快小城镇建设过程中，建设资金短缺、财政投入不足等问题，也迫切需要金融的有力支持。探索农村金融服务对接小城镇建设，为小城镇建设拓宽资金来源，也有利于农村金融的可持续发展。就是在这样的背景下，厉以宁多次呼吁要探索农村金融发展的新思路和新制度安排，并带队到山东进行了调研。

历史故事中的经济学智慧

厉以宁很善于讲故事。在北大的课堂上，他经常用一些大家耳熟能详的故事将深刻的经济学原理讲得通俗易懂、形象生动，给人留下深刻的印象，常常让我这个历史专业出身的学生很是钦佩和汗颜。

在赴山东调研的路上，厉以宁也讲了很多故事，其中讲得最多的是关于孔子的故事。他说，山东在商周早期文化还不发达，但孔子出现以后，山东在我国历史文化上的地位就开始凸显，儒家学说成为中国传统文化的支柱，至今在世界范围内产生着重要影响。但在历史的传承中，孔子的一些言论和思想也被人有意无意地曲解和误读了不少。比如，现在我们号召人多做好事，要不留姓名，或不要任何回报。但孔子就认为这是错误的做法。孔子的一个学生子路在河边上行走，看到有行人不小心掉进河里去了，就跳下水把这个人救了起来，行人的家属非常感激他，送了他一头牛作为酬谢。在春秋的时候一头牛是很贵的，子路很高兴地把这头牛牵回了家。路上的人见到了就纷纷议论说，子路下水救人很不错，可是心也比较贪，人家给了礼品他就牵回家了，这样做是不对的。孔子知道这件事情后，专门表扬了子路，说他应该要，如果他不要，传出去以后谁还救人？只要子路愿意拿这个奖金，他当然就可以拿回去，这样社会上才会有更多愿意乐于助人的人。

与此相对，厉以宁又讲了另外一个故事，说春秋时代鲁国有一个规定，凡是鲁国人在外看到有本国人被贩卖为奴隶的，就可以垫钱先把他赎买出来，之后回国再去报账。孔子的一个学生子贡到晋国做生意，在晋国大街上看到很多人围在一起拍卖奴隶，其中有一个奴隶是鲁国人，子贡就把这个奴隶赎买了出来，但是回国后却没有去政府报账。于是整个鲁国人都说，你看子贡自己垫钱赎买奴隶，又不去报账，自己承担了费用，人品多高尚啊！孔子知道这件事情后，对子贡说，你错了，你不该这么做。子贡很奇怪，说做好事怎么就错了呢？孔子说，你的做法会使成为奴隶的鲁国人以后很难再被解救出来，因为你买奴隶不报账，是人品高尚，但此后有别的国人再见到贩卖鲁国奴隶就会溜掉。为什么呢？是因为你买了不报账是品德高尚，如果别人买了再去报账就会被人评论说是人品不好。果然，从子贡以后，就很少有人去政府报账，随之解救的鲁国奴隶自然也就少了很多。

厉以宁说，做好事也有它的规矩，要考虑怎样才能把事情做得更好。子路和子贡的故事告诉我们，看事情要从谁是最大受益者的角度出发，从它的后续影响和效果出发。谁是最大的受益者？当然是被救的行人和被赎买回的奴隶，以及那些潜在的可能落水的行人和被贩卖的奴隶。子路的做法是可以学习的，因为他主动下水把快要淹死的行人救了起来，行人家属给他的酬谢他收了，传出去以后会有更多的人愿意学他下水救人，许多落水者就会因此而得救。但子贡的做法从经济学、心理学和社会学的角度来讲是不妥的，因为他的做法常人学不了，即使他不是沽名钓誉，他的这种做法也给常人树立了一个遥不可及的标杆，因为别人没有他有钱。把故事里暗含的这些道理搞清楚了，经济上的一些问题就可以带入新的解释，经济学的思路就会有助于我们进一步打开对现实问题的研究和解决。

为构建新型农村金融体系鼓与呼

8 日上午和 11 日上午，在山东省临沂市和东营市召开的调研座谈会上，有关党政主要负责人分别向调研组汇报了有关农村金融发展及金融支持小城镇建设等情况。此后，调研组又分别在齐商村镇银行、姚庄子镇召开了 2 场现场座谈会，直接与村镇银行员工和村民对话，了解他们借贷的真实情况和对小城镇建设的所思所盼。走街入户，实地考察了大王镇等小城镇建设示范区的现状及问题，并对月亮湾社区、聚福源资金互助社等11家单位进行了深入调研和走访。

在座谈和考察中，调研组发现一些地方在实践层面试图将农村的“三地”（土地承包经营权、宅基地使用权及房屋所有权、林地使用权）用于贷款抵押，但在有关法律尚未修改的情况下，实际上处于违法操作的尴尬境地。一些银行在接受“三权”抵押发放贷款后，也存在违约后抵押资产难以变现的风险。同时，村镇银行等新型农村金融组织数量少，实力弱，服务能力不足。比如，截至2011年5月底，山东省村镇银行存款余额仅为33.03亿元，贷款余额为29.69亿元。以小额信用贷款为主的金融政策已难以满足农村发展的需求。

厉以宁注意到，按照当时的农村金融政策，3万元及以下范围有农户小额信用贷款项目，50万元以上范围有工商企业担保贷款项目，但却缺乏3万—50万元的信贷支持。而作为农户万元增收工程中坚力量的农村种养大户、农民专业合作经济组织、农产品加工企业最需要的却恰恰是3万—50万元的贷款。而且，部分农村金融机构存在偏离服务“三农”的倾向，一些农村信用社转身为农村商业银行，与城里的商业银行区别较小，离农、脱农倾向加大；一些村镇银行重点以所在县域的优质企业客户为信贷投放对象，对农户和小城镇的企业支持不足；农村金融互助社处于发展初级阶段，组织结构、运行方式欠规范，也缺少监督指导，这些情况反过来也进一步加剧了小城镇建设融资渠道不畅的局面。

7月9日下午在临沂市召开的调研座谈会上，厉以宁强烈呼吁要加快构建农村金融体系，因为现有城市金融体系由于成本收益等原因难以覆盖到县以下区域，因此必须要建立和完善新型农村金融体系。一是深入研究修改相关法律，改变农村土地承包经营权、宅基地使用权无法抵押的现状，盘活农民的土地资产，使借贷双方有法可依。二是深化农村产权制度等配套改革，助推农村金融发展，在全国范围对耕地承包经营权、宅基地使用权以及农房所有权进行确权颁证，鼓励合理流转，使农民获得财产性收入，实现“带资进城”。三是在县和较大的乡镇建立“信用担保中心”和“农村产权交易中心”，农民可通过该中心向金融机构申请贷款，由担保中心负责调查农民实有资产、信用状况并催还欠款。四是制定农村金融发展整体规划，确定农村商业银行和村镇银行的地位、界定它们的主要服务范围。五是理顺农村金融监管体制，建立差别化监管体系，逐步放宽国有银行对村镇银行的持股比例，对经营情况好、内控水平高的小额贷款公司可放宽从银行业金融机构融入资金的比例，增强其放贷能力。

此后，在接受新华社、中央电视台、《经济日报》《人民政协报》等记者的采访和当年的政协常委会、翌年的政协大会小组讨论上，厉以宁代表调研组多次就加快构建农村金融体系，解决农村金融信贷产品少、金融服务需求外流等问题发表了观点和看法。

农村新社区与“就地城镇化”

小城镇建设是我国新型城镇化战略的重要组成部分，小城镇的发展对农村人口转移、统筹城乡发展有着重要的意义。但随着大中型城市在经济、社会与城镇化进程中角色与地位的不断强化，要素资源向大中城市集聚的趋势也日益明显，小城镇建设在实践中开始出现了一些后继乏力的情况，个别地方甚至出现了小城镇人去楼空、产业不济的现象。小城镇建设中出现的这种萎缩现象，是城镇化进程中必须重视和解决的问题。

厉以宁长期关注小城镇建设问题。在这次调研中，他对临沂和东营市的小城镇建设情况做了详细的实地考察。对一些小城镇住户反映的“好是好，就是天天爬楼，也没电梯，年纪大了腿走不动”等情况，以及“不能养鸡、不能养猪，待在家里没事情干，家里小孩天天要吃鸡蛋，过去鸡窝里随便拿，现在都要掏钱买”的诉说，还有“过去住在村里，邻居相互串门很容易，现在一家一户，周围的人都不认识”的困惑。厉以宁认为传统城市化是先进行工业化的发达资本主义国家的城市化模式，中国必须走适合自己国情的城镇化道路，小城镇建设不仅是个单纯的盖楼问题，还有就业问题、融入城市生活问题，必须走循环经济发展道路，实现公共服务到位和社会保障一体化。不解决这个问题，小城镇建设就基础不牢，形如建在沙滩上。

在姚庄子镇考察完小城镇建设示范区后，厉以宁在同村民和村镇干部座谈时说，新型城镇化建设应由老城区加新城区加农村新社区三部分组成，将农村新社区发展成为新的小城镇，更易促进人们融入城镇社会，也更符合中国国情和便于操作。费孝通先生作为我国乡村建设的前辈，当年考察江苏省江都县宜陵镇时提出了小城镇建设的概念，是很有远见和贡献的。现在的农村新社区建设是在实践过程中的一个突破，即在现有新农村建设的基础上进行完善，逐步实现园林化、循环经济化和公共服务到位，最后社会保障也达到城乡区域一致，这样的农村新社区就可以成为小城镇了，这就是“就地城镇化”。从提高人们的生活质量、融入城镇社会的难易程度来看，“就地城镇化”更符合中国国情、更具实用价值。厉以宁说，中国地少人多，假定我们的城镇化率要达到80%，2030年左右中国人口达到15亿峰值的时候，那就有12亿人住在城里，城市会拥挤成什么样子，有那么多城市用地和淡水吗？所以中国要走“老城区加新城区加农村新社区”的模式，新社区就是中国在城镇化理论上的探索和实践上的贡献，就是要实现“就地城镇化”，远距离的城镇化成本太高，不符合社会效益和经济利益。

7月11日上午在东营市召开的调研座谈会上，厉以宁就“县域经济面临的机遇和挑战”做了主题发言。他说，发展农村金融，有助于解决小城镇建设的资金问题，而要解决好小城镇建设的就业和主打产业问题，则离不开县域经济的发展。一是地方经济的基础是县域经济，只有充分认识县域经济发展的优势和县域金融的重要性，通过资金互助合作社、成立担保公司等形式，才能切实发挥好县域经济发展的后发优势，小城镇建设也才能够有所依托。二是县域经济必须要有产业支撑，不要贪大贪全，在县域经济发展的基础上，要制定小城镇建设的科学发展战略，积极开拓市场，认清宏观形势，打好微观基础，把潜在优势转化为现实优势。三是发展县域经济要注重人力资源结构的调整，要大力发展地方职业教育，培养大批有一技之长的技工队伍，小城镇也要为引进和自己培养的人才创造更好的工作生活环境。四是要紧紧抓住发达地区和大城市周边企业转型升级带来的机遇，引导县域内企业及早进行产业升级，自主创新，改善管理、改进营销。五是要积极为农村劳动力创造城镇就业机会，确保农民收入和财政收入持续增长，同时参照国外城市的一些经验，用公共投资基金的办法，或者引入一些民间资本，解决好县域公共建设资金筹集问题，确保小城镇经济社会实现可持续发展。

小切口撬动大问题

山东调研结束后，结合调研组在其他省份了解到的情况，厉以宁带领调研组起草并报送了《关于大力发展农村金融，加快推进小城镇建设的若干意见》的调研报告，针对农村融资难、小城镇发展乏力等情况，提出了制定农村金融发展整体规划、创新小城镇建设融资模式、深化农村产权制度改革、理顺农村金融监管体制等七项建议，得到了时任国务院领导、全国政协领导的高度重视和重要批示。中央农村工作领导小组办公室、中国人民银行、银监会等就调研报告中提出的相关建议，组织力量进行了专门研究，认为调研报告中所提建议具有很强的针对性和前瞻性，对做好农村金融服务工作、充分发挥金融支持小城镇发展的助力作用具有现实指导意义。中国人民银行、银监会还专门出台了大力发展农村金融、加快推进小城镇建设的有关文件，对建立多层次的农村金融服务体系、创新小城镇建设融资模式、实事求是和循序渐进地推进小城镇建设等起到了重要作用。

2012 年 1 月 6 日，时任国务院总理温家宝在全国金融工作会议上的讲话中专门就农村金融问题指出，我国金融领域还存在一些突出问题和潜在风险。金融机构经营方式总体粗放，公司治理和风险管理仍存在不少问题，农村金融和中小金融机构发展相对滞后，金融监管能力有待提升，信贷政策与产业政策结合得还不够紧密，对实体经济的支持还不够及时有力。要积极稳妥发展各类金融市场，基本形成功能相互补充、交易场所多层次、交易产品多样化的金融市场体系。

同年 3 月 12 日，在接受《经济参考报》记者采访时，厉以宁总结了自己 2003 年就任全国政协经济委员会副主任以来倾力参与的四件事情：一是促推“非公经济 36 条”的出台；二是对城乡二元体制改革的呼吁与建言；三是对农村金融与小城镇建设的调研与建议；四是对扶贫问题的长期关注与探索。在那年政协大会的小组讨论会议上，厉以宁鲜明地提出："30多年前开始的改革，无论是农业承包制、乡镇企业改革或股份制，都是发现和调动民间积极性，实行自下而上式的改革。但现在的改革已与30多年前有所不同，需要改革决策者具备战略眼光，不能拘泥于'一城一池'的得失，而是要将整个战略布局做得更好。虽然当下不排除小范围摸着石头过河，但主要靠顶层设计，这就是我对当前改革的看法。"

（原文载《中国政协》2019年第19期）

教育之道

2020 年 11 月 22 日，在北京大学举办的“厉以宁教授九十周岁华诞文集发布会暨从教六十五周年”开幕式上，全国政协副主席辜胜阻对厉以宁身居斗室心系天下、立德树人传道授业的 65 年风雨之路用一副对联进行了精准概括：“桃李芬芳，有教无类一生教学成就斐然群英荟萃；星光灿烂，为国分忧建言资政功在当代利泽千秋。”这副对联当时在网络和微信上广为流传，引起了很多人的共鸣和赞誉。

从 2003 年 7 月全国政协十届二次常委会议期间第一次见到厉以宁老师算起，18 年间，在会议中、课堂里、讲座上、调研途中和厉老师家里，我多次听他谈过对教育之道的见解与看法。今年是厉以宁老师从教 66 周年，在第 37 个教师节到来之际，将厉老师的教育观点进行归纳总结，有助于给广大教育人以启示，为我国教育事业高质量发展建言与助力。

大学教育重在激发兴趣、教授方法和涵养情怀

厉以宁在为谢百三编著的《心中的校园》和林天强、陈龙森等人编著的《商战演兵》两书所写的序言里讲到，大学阶段的学习生活既要胸怀大志、放眼天下，又要严谨求实、巧干实干；既要勇于创新，又要虚怀若谷。大学老师能教给学生的是三个层次的东西：一是知识，二是方法，三是视野。方法比知识更重要，掌握了方法等于有了一把钥匙，今后自己可以去打开知识宝库的大门。但视野是最重要的，站得高，才能看得远。一个学生的发展，要看有没有后劲，有多大后劲。视野宽阔了，前进的方向心中有数了，后劲就会更大。从知识层次上来看，还应当注意四个方面：一是要有信心，二是不要偏科，三是要重视外语能力的提高，四是在学习方式上要做到精读和泛读相结合、理论与实践相结合。当一个人走进大学校门的时候，应该为自己能成为这里的学生而自豪；而当其毕业走向社会以后，学校也将因培养出优秀的毕业生而自豪。

厉以宁多次在课堂中讲到，教育之道在于兴趣、方法、胸怀和责任。兴趣是最好的老师，兴趣产生热爱，热爱创造奇迹，学习是如此，将来的工作亦是如此。方法很重要，授人以鱼不如授人以渔，学习方法对了就会事半功倍。以经济学学习为例，把理论、统计、历史基础打牢了，才会行稳致远。有多大的胸怀就能看见多大的世界，有多大的胸怀就会有多大的成就，做学问必须

始终保有一颗谦逊之心，能看得见别人的长处、看得到自己的不足。我国经济正处在与世界经济深度融入发展过程中，必须熟练掌握外语，以便更好地与外国学界、商界人士交流交往，努力成为国家建设的栋梁之材。作为大学生，还必须要有责任意识，要有家国情怀，将自己的学术兴趣与国家的需求和民族的命运紧紧联系在一起。北宋时期的张载曾经讲过：“为天地立心，为生民立命，为往圣继绝学，为万世开太平。”青年是社会发展的主力军，是国家兴旺的中流砥柱，青年有理想有担当，国家就有前途有希望。

为师之道重在以人为本、培根固基

教育兴则人才兴，教育强则国家强。我国自古就有重视教育的传统，“玉不琢，不成器；人不学，不知义”，是我们这一代人自小耳熟能详的话语。千百年来憧憬着“学有所教”“有教无类”“因材施教”等教育梦想，无数先贤志士为延续中华文脉、培养经世致用之才而不懈求索。厉以宁曾讲，作为一名老师，必须坚守教育初心，潜心教书育人，为每个学生提供一个发现、展示、发展自我才干与潜质的平台和机会。从教以来，厉以宁老师从未缺过一次课，他对每堂课都高度重视，真正做到了上好每堂课，讲好每门课，耐心细致地解答每位学生提出的问题。厉老师在北大讲课时极少用讲稿，只是在一张纸上列出要讲的几个问题，然后就开门见山直奔主题，不管多深奥的理论或框架都能深入浅出、娓娓道来，听他的课就像是与一位师友在进行炉边谈话。他通过创新教学方法，以丰富、精彩的课堂教学来激发学生的求知欲望，让学生在课堂上收获知识、收获理想、收获智慧、收获力量，所以在他的课堂上永远都是人满为患，并充满着听有所得、学有所悟的欢声笑语。

老师是很神圣的身份和职业。做一名老师难，因为人们对老师的要求非同一般，那就是要“学为人师，行为世范”；做一名好老师就更难，一生只做一位好老师则是难上加难。而厉以宁老师做到了。厉以宁说，在他的大学时代遇到了陈振汉、陈岱孙、罗志如等几位对他有终身影响的好老师，他们对学生的亲切关怀、对教学的一丝不苟、对学问的严谨严格，深深地融入了当时还是青年学子的厉以宁的骨髓。中国传统文化讲正心、诚意、修身、齐家、治国、平天下，而现代教育则对人具有培根固基、铸魂启智的作用，培根固基是学有发展、实现梦想的源泉，铸魂启智是不断前行、行稳致远的基石。厉以宁在日常教学中很重视修身律己、言传身教，通过自己的精神风貌、思想品质、学术修养、治学态度和处事方式等去潜移默化地影响学生，真正做到了春风化雨润无声。古人云“经师易得，人师难求”，厉老师用他的教育教学实绩为我们树立了榜样，他经常提起自己的老师陈岱孙曾经说过的一句话：“我一生只做了一件事——教书。”厉以宁跟自己的老师陈岱孙一样，将自己的青春、最美好的年华都奉献给了北京大学，贡献给了学生。他的“我一生只做了一件事——教书”不仅是总结他自己，更是对我们后来人的启迪和鞭策。

经济新常态下教育发展面临的新考验

2014年3月下旬，在接受媒体记者采访时，厉以宁提出要适应改革新形势，谋求教育新发展。他说随着城市化进程的加快，人的城市化问题就越来越重要。而人的城市化关键在教育，包括社会教育、学校教育和家庭教育，这些方面的教育要帮助人们加快适应城市生活，融入城市社会。要真正适应城市化，教育改革与发展面临着两个方面的问题：一是教育资源的布局调整问题，二是如何帮助千千万万进城务工人员适应城市生活、融入城市社会的教育内容问题。在教育资源的布局调整过程中，要发挥市场和政府的两种作用，市场做市场可以做的，政府做政府应该做的。政府有形之手要伸入的领域是适应城镇化的教育内容建设、区域之间教学条件（特别是师资条件）的公平性调节等，让优质的社会资源，特别是优质的人才资源，配置到教育领域，教育界要吸引、留住优秀人才，加强自身市场竞争力的建设。同时，教育也要积极适应、满足劳动力市场的需求，积极化解结构性失业的问题，防止“读书无用论”等观点的沉渣泛起，才能有利于建设一个和谐的社会。

2015年两会期间，厉以宁在接受媒体采访时谈到了对经济新常态下中国教育发展方向的看法，他认为新常态下中国教育面临四个方面的调整任务：一是高等学校专业亟待调整，一些专业的设置与工作需要脱节，学生毕业后面临找工作难的问题；二是职业技术高等学校需要培养更多的学生，职业技术学校的最终目的是培养蓝领中产阶级，我国的蓝领中产阶级虽然正在形成，但这方面的力量还有待加强；三是高等教育要分两条路走，一条是培养教学研究型人才，另一条是培养应用技术型人才；四是农村教育急需加强，职业技术教育变得非常重要，助学金制度要更加普及。

随后，在接受记者采访时，他谈到了要重视发展职业教育的问题。结合他在德国考察时对蓝领阶级能跻身中产阶级现象的观察，厉以宁认为其原因就在于德国强大的创新教育体系，一些工科院校专门培养专业的技工人才，学生一毕业就是工程师，还能自己创业；而中国的蓝领阶级进入中产阶层较难，原因就在于他们大量进行的都是重复劳动，缺少创新。厉以宁认为经济新常态下，土地确权是农村教育发展的一个重大契机，懂不懂使用各种农业机械、能不能成为既懂生产又懂管理的新型复合型农民，这都是农村教育要考虑的重大课题。政府一定要注重城乡教育资源的均衡发展，促进优秀教师的流动，为弥补城乡教育差距努力，同时，要更加注重面向农村实际的职业教育，把农民纳入职业教育体系。此外，社会各界也要积极创造条件，促进人才的自由流动和竞争，防止上升通道不通畅，弄得年轻人要拼爹，这对人才培养不利。人才自由竞争下的垂直流动，将有利于创造公平正义的社会环境。

2015 年 11 月，在接受媒体采访时，厉以宁进一步提出要大力发展高端职业教育培训。他说，当前中国的人口红利正在逐步减弱，传统的劳动密集型产业正在转型升级，许多简单劳动岗位未来要么消失，要么被机器人取代。在这种背景下，通过高端职业教育培养高技能的工匠技师，既是产业发展的要求，也是个人就业的需求。很多人认为，德国经济的起飞，以及它在国际金融危机中表现出的超级抗跌，和德国工匠文化有很深的关系，而德国工匠文化与德国的高端职业教育体制有着很深的关系。现在，我们有一些不知道把学生培养出来干什么的大学，又有一些招不到合格技师的企业，供需之间不匹配，不如像德国那样多兴办一些职业教育学校，鼓励一部分人去接受高端职业教育。对个人而言，可以早早地从应试教育中解脱出来，早做人生规划；对社会而言，可以多培养一些社会需要的高技能人才。

2016 年全国两会期间，厉以宁在接受众多媒体采访时，再次谈到新常态下的教育发展问题。他说，经济新常态下，既要注重产品的质量，也要注重人才培养的质量。随着科教兴国战略的深入推进，高等教育的大门必将越来越宽，青年学生接受高等教育的机会也将越来越多，而社会和时代对人才的要求也相应地会越来越高。尤其是当前经济发展正从速度向质量转变，在产业升级、结构调整、技术创新的背景下，将产生大量的新型人才需求，教育要尽快调整办学方向，为新常态下经济发展提供人才支撑。就精准脱贫工作而言，教育扶贫也十分重要，要经过职业教育和培训、使贫困地区的群众能够在原有的基础上有更好的生活，他们也不一定搞农业，可以做工、开小店、跑运输、搞乡村旅游，有各种专长，这是意义深远的前景。

习近平总书记在北京市八一学校考察时曾说："一个人遇到好老师是人生的幸运，一个学校拥有好老师是学校的荣光，一个国家源源不断涌现出一批又一批好老师则是国家的希望。"2015年11月22日，在北京大学主办的"'中国经济的热点问题'学术研讨会暨厉以宁教授从教六十周年活动"上，全国政协原副主席张梅颖在致辞中讲到，厉以宁把自己的全部生命都奉献给了崇高的教育事业，作为一个忧国忧民的知识分子，他把生命和教育叠在了一起，厉以宁给她感受最深的就是参与国事和教书育人这两个方面。为此，她还专门草拟了一副对联，以表达对厉以宁的祝福："书生一介甲子一轮，厉言厉功，殚精竭虑问计民瘼国运，策策皆厉；桃李满园栋梁满堂，亦文亦诗，呕心沥血嘉惠士子学林，字字以宁。"这也是我们这些后学者的心声和期望。

（原文载《人民政协报》2021年9月8日第10版）

读书与治学

厉以宁的读书涉及古今中外，治学横跨经济、历史、地理和文学等多个领域，用厉以宁夫人何玉春的话来说：厉以宁无时不看书、无日不写书。厉以宁不仅对古今中外的经典著作反复阅读，而且还善读无字之书，走访调研了国内外很多厂矿、农庄、集市和智库，对文本知识和实践状况了然于胸。厉以宁认为读书是一个自我形塑、自我改变、自我升华的过程，不仅与独立思考相连接，还与思维创新相促进。算上在北大图书馆工作的 8 年，厉以宁用心读过的书早已过万册，写下的读书笔记装了 30 多箱，调研和考察经行的路足以绕地球三周以上，真正做到了读万卷书、行万里路。

厉以宁酷爱读书。小学时代他就能对《百家姓》《三字经》《千字文》和《唐诗三百首》《宋词三百首》等倒背如流。中学阶段的厉以宁对文学非常痴迷，从古籍诗词到时兴小说、杂文，均有涉猎。读初中二年级的时候还曾用“山外山”的笔名创作了几篇短篇小说，小说在校报发表后让厉以宁很是兴奋，也成为他此后笔耕不辍的奠基和原动力。

抗战胜利后，厉以宁到南京金陵大学附中读书。有一次学校组织去当地一家化工厂参观，庞大的厂区和轰鸣的机器给他留下深刻印象，厉以宁暗下决心要成为化学工程师，践行科学救国的愿望。1949 年 2 月，厉以宁被免试推荐到金陵大学，他选择了自己向往已久的化工系。新中国成立后，19 岁的厉以宁加入经济社会建设大潮，前往湖南沅陵开始了最初的职业生涯——县教育用品消费合作社会计。他很快便熟悉了会计工作，并将工作干得风生水起、有条不紊。一个偶然的机会，厉以宁得知昔日中学好友赵辉杰考入了北京大学历史系，便也萌发了去北京大学读书的愿望，于是就委托赵辉杰帮他报名参加入学考试。赵辉杰了解厉以宁在文学方面的专长，结合当时社会对人才的需要以及他的会计工作经历，便替他做主填报了北京大学经济系。2005 年 12 月 3 日，在北京大学举办的庆祝厉以宁教授从教 50 周年座谈会上，他深有感触地回忆这件事道：“我越来越觉得，赵辉杰代我填报的第一志愿是最佳选择，北京大学经济系对我一生都产生着深刻影响。”

1951 年 7 月，厉以宁以优异的成绩被北京大学经济系录取，由此开始了自己的又一段求学生涯。当时在经济学系，开设的主要课程是马克思主义政治经济学、西方经济学、西方经济史和经济学说史，厉以宁忘我地沉浸在经济学的知识海洋，对陈岱孙、徐毓枬两位教授开设的经济学说史和罗志如教授开设的国民经济计划课程尤其印象深刻。为了吃透纷繁复杂的经济学理论流派，厉以宁将波兰经济学家奥斯卡·兰格的理论、苏联的社会主义经济学理论和西方的新古典主义经济学理论等授课内容编织成提纲，辅以参阅《大英百科全书》中的条目来融会贯通。为此，他成了去学校图书馆最勤、时间也最长的几个学生之一，一下课就扎进图书馆，全神贯注、手不释卷。期间，在图书馆副馆长梁思庄的悉心指导下，他学会了如何查找和阅读西方文献、如何使用工具书，这项技能让他终身受益。厉以宁说他至今还记得梁思庄讲过的一句话："要学会用大百科全书，这是做学问入门的捷径。"

上大学时，厉以宁公开发表的第一篇经济学论文是《波兰经济新面貌》，颇受经济系陈振汉教授的赏识，他的评语是："成绩优异，名列前茅。"他告诉厉以宁，要学好经济学，理论、历史、统计的训练三者缺一不可，要在这三个方面同样下功夫。厉以宁不仅从陈振汉教授那里学到了进行经济史比较研究的方法，更从他身上获得了"闹中取静"的读书习惯。厉以宁经常跟自己的学生讲："如果说我今天多多少少在经济学方面有所收获的话，那么这一切都离不开在北京大学学习期间老师们的教诲，他们是我在经济学领域内从事探索的最初引路人。"也正是在此期间，厉以宁养成了研读外文著作的兴趣，并在大学三、四年级时与赵辉杰合作先后翻译了苏联学者费拉托娃著《赫尔岑和奥加略夫的经济观点》和《车尔尼雪夫斯基选集（下卷）》，由此对俄国经济史中的农奴制改革、俄国革命民主主义者的农民社会主义学说、苏联社会主义经济制度等问题产生了持久兴趣。

1955年大学毕业后，他担任北京大学经济系资料员，具体工作是翻译俄文和英文的西方经济史参考资料，先后翻译了80多万字的文稿，从而积淀下了深厚的西方经济学功底。1962年厉以宁在北京大学经济系开始主讲外国经济史课程，由此走上教学一线，讲课范围涉及理论经济学（政治经济学、《资本论》、国民经济计划等）、应用经济学（统计学、财政学、工业经济学、企业管理学、农业经济学等）、西方经济史、西方宏观经济学说史、经济史比较研究等领域。工作之余，厉以宁还研读了大量的哲学、文学、社会学、地理学专著和《史记》《汉书》《日知录》《松窗梦语》《阅微草堂笔记》《蕉窗雨话》《啸亭杂录》等传统史书与明清笔记小说。

从1978年到2018年，厉以宁相继出版了《西方经济学》《西方宏观经济学说史教程》《西方经济史探索》《厉以宁讲欧洲经济史》《资本主义的起源》《非均衡的中国经济》《股份制与现代市场经济》《超越市场与超越政府》《中国经济双重转型之路》《中国经济改革发展之路》《大变局与新动力：中国经济下一程》《改革开放以来的中国经济：1978—2018》《国民经济管理学》等40部学术专著，不仅对我国经济学研究和几代学人产生了重要影响，也对我国经济社会的发展产生了积极推动作用。按照厉以宁所写诗词里的说法，读书和治学这件事，需要有“溪水清清下石沟，千弯百折不回头，兼容并蓄终宽阔，若谷虚怀鱼自游”的精神，至于最后的结果，则应“只计耕耘莫问收”。

厉以宁常讲，上大学和参加工作以后的读书要将兴趣、需要与将来深层次的研究相结合，读书要分精读和泛读，需要精读的书数量不多，大量的书可以是泛读，有些只看看目录和内容摘要就可以了，以便集中时间和精力反复阅读内容最重要、自己最感兴趣的书。读书过程中要注意理论与实践相结合，既要胸怀大志、放眼天下，又要脚踏实地、虚怀若谷；既要获得必要的学科领域知识为基础，又要掌握一定的方法和视野。因为掌握了一定的读书方法，就等于有了一把研究问题的钥匙，以后自己就可以独立去打开知识和问题宝库的大门，至于在学问方面最终有多大后劲与成就，就只能看一个人视野的宽阔度了，只有站得高才能看得远，否则脱离实际、缺乏眼界是难以成才的，在当今经济与科技不断进步的时代尤其如此。

厉以宁对治学一生专注。他经常提起自己的老师——北京大学经济系主任陈岱孙教授说过的一句话：“我一生只做了一件事，教书。”厉以宁跟自己的老师陈岱孙一样，将自己的青春、最美好的年华都奉献给了北京大学，贡献给了学生。在学生面前他总是那么温和、率真，在学问面前他总是那么严谨、严格。虽然肩负着繁重的教学、科研任务，并且作为第七届、八届、九届全国人大常委会委员和第十届、十一届、十二届全国政协常委，还有一些社会活动，但他对每堂课都高度重视，至少提前一个月认真筹备、提前15分钟到教室；对每个学生提出的问题都认真解答，直到学生对问题贯通和领悟；对学生提交的每篇论文都与学生反复研讨、推敲，直至亲自修改，堪称当代教师的楷模。虽然厉以宁获得过包括孙冶方经济学奖、中国经济年度人物终身成就奖、吴玉章人文社会科学终身成就奖、改革先锋奖章等众多奖励，但他总是谦虚地说："三人行，必有我师焉，我以前的一些老师更有资格获得这些奖励，我只是幸运地生活在了这个伟大时代而已。"

（原文载《人民政协报》2019年8月26日第12版）

诗词商洛之行

作为著名经济学家，厉以宁对历史文化也有着深厚的造诣。除了《非均衡的中国经济》《中国经济改革与股份制》《罗马—拜占庭经济史》《工业化和制度调整》《希腊古代经济史》《中国经济双重转型之路》《改革开放以来的中国经济：1978—2018》等影响几代人的经济学专著外，他还著有《厉以宁诗词全集》《山景总须横侧看》《难忘的岁月》《经济、文化与发展》《文化经济学》等文学类和跨学科类著作。厉以宁认为，研究中国经济，必须把现实的经济活动与经济史、经济思想史、文化史结合在一起，这样才能使自己的研究有深度、有见地、有特色，才能有理解与阐释的张力以及预见性与判断力。2012 年 8 月 5—9 日，厉以宁老师带着包括我在内的 4 名北大师生于暑假期间深入商洛市山阳县、商南县、镇安县和柞水县调研欠发达地区的经济和社会发展问题，我在现场学习厉以宁老师的调查研究方法之余，也有机会亲身观察和体验了他在诗词和历史方面的深厚造诣。

商洛地处秦楚文化的交汇处，因境内的商山、洛水而得名，历史上多种地域文化曾在这里交汇融合。虽然是第一次到商洛，但厉以宁对商洛的历史很了解，对商洛的文化也很熟谙。在穿行商洛的群山峻岭途中，厉以宁从商鞅和商山四皓给我们讲起，引经据典、谈古论今，深评商洛自春秋以来的发展和变迁。他说，商鞅是战国时代法家的代表人物，主张以法治国、重农抑商、重战尚武，在秦孝公时期通过变法改革迅速推动秦国走向富强，为秦最终统一六国奠定了坚实基础。但后人对商鞅变法的措施和评价却一直存有争议，有争议是好事，有利于更立体、客观地解读商鞅和他所处的时代。而商洛也因是商鞅封地而开始闻名，值得当地在打造学术研究品牌和发展旅游文化产业时深耕。

厉以宁在商洛写的第一首诗是七绝《商洛》：

盛世常开纳谏门，求贤访老到荒村。
商山四皓应犹在，自古民间有哲人。

商山四皓是秦末信奉黄老之学的四位饱学之士：东园公唐秉、夏黄公崔广、绮里季吴实、角里先生周术，因乱世而隐居入商山。西汉建立后，刘邦曾请他们出山为官，被拒绝。后刘邦病重，想要更换太子刘盈而立次子如意，吕后按照张良的建议以贵宾之礼请这四位年过八十、眉皓发白的老先生出山辅佐刘盈。刘邦见到以后认为太子“羽翼已成”，就打消了改换刘盈的主意。

厉以宁说，一个时代要发展，既要广纳贤能、听取意见，也要打开视野、敢于用人，韩信在项羽手下是军队小官，到了刘邦那里就成了运筹帷幄、百战百胜的大将军，这其中的胸怀、眼光和胆识，千秋之后仍有可学习和借鉴之处。

商洛的自然风景浑然天成，作为秦岭的龙首之地，承秦文化之阳刚，蓄楚文化之柔美，宛如水墨江南，素有“秦岭最美是商洛”之称。其中山阳县的天竺山仙山神韵，以秀美的生态环境和悠久的唐代佛教古迹而闻名，并有两三百万年前形成的冰臼群和第四纪冰川地质奇观。登临天竺山，可观日出、云海，可览群山逶迤、云海雾瀑，可听松涛阵阵、古刹钟声。途径山下高速出口小憩时，厉以宁挥笔写下了七绝《天竺山》：

汉江渭水尽东流，楚秀秦雄一眼收。
尘世遍寻仙境路，何妨天竺断崖游。

这首诗既写风景，也写情怀，还写曾经的历史风云，当时就在当地传诵并被《商洛日报》所刊载。

在途经融“名山名镇名洞”于一体、被誉为“终南首邑，山水画廊”的柞水县时，看着公路两旁郁郁葱葱的林海和山坡上盛开的鲜花，厉以宁随口吟出了一首七绝《柞水》：

踏遍城乡思路开，青山无处不生财。

缓流宽阔急流窄，游客四方观景来。

厉以宁说，他一直很关注林权改革和林业发展问题，如果把山林全部利用起来，发挥它的效益，农民从中获得的利益将远远超过农业。而“绿水青山就是金山银山”的理念，强调的就是要走出一条兼顾经济与生态、开发与保护的发展新路径，最大可能维持经济发展与生态环境之间的和谐共赢。柞水县地处秦岭南麓，邻近省会西安，坐拥牛背梁国家级自然保护区和国家森林公园、秦楚古道、柞水溶洞等秦岭风景名胜，是一个“九山半水半分田”的土石山区县，植被覆盖率达 80% 以上，负氧离子含量每立方米达 5 万个左右，素有“天然氧吧、城市之肺”之称。如果依托好山好水好风光，走出一条生态优先绿色发展之路，就能把生态优势转化为发展优势。

在商洛考察期间，伴随着山间的清风、花香与蝉鸣，厉以宁老师连续给我们讲了三个晚上的词和词牌课。他说，词是长短句，但全篇的字数、句数是一定的，每句的字数、平仄也是一定的。词根据长短大致可以分为小令、中调、长调，词牌就是词的格式的名称。唐宋以来共有两千多种词牌，而他自己最喜欢的词牌是“清平乐”“浣溪沙”等十几种。其中“清平乐”原为唐教坊曲名，为词之常用词牌，正体为双调四十六字、八句，前片四仄韵、后片三平韵。历史上李白、晏殊、晏几道、黄庭坚、李清照、苏轼、辛弃疾、毛泽东等均用过此调，用以抒发或婉约低沉或豪迈高亢的声情。而“浣溪沙”也是唐教坊曲名和流传较广的词牌名，正体为双调四十二字、六句，上片三句三平韵，下片三句两平韵。最早采用此调的是唐代的韩偓，后来南唐后主李煜、苏轼、秦观、周邦彦、辛弃疾、纳兰性德等均用过此调，借以写景抒情。为了加深我们的理解，厉以宁还挥笔写下了两首词，其一为《清平乐·金丝峡》：

水帘飞挂，隐约双桥跨，凉气袭人随浪下，忘却如今盛夏。　　暮云伴雨来风，霎时遮住群峰，不问不闻琐事，游人乐在其中。

其二为《浣溪沙·木王国家森林公园》：

红白山花一路迎，清溪击石绕弯行。晚霞难卜雨和晴。　　久住幽林能悟道，常怜雏幼更通情。了无杂念此身轻。

厉以宁作为经济学家享有盛名，但他在诗词方面的功底和造诣却被盛名所掩，一般人了解不多。厉以宁从小就喜欢研读古典诗词，不到17岁就创作了自己人生的第一首诗词《相见欢·仪征新城途中》：“桨声篙影波纹，石桥墩，蚕豆花开一路水乡春。　　长跳板，小河岸，洗衣人，绿裤红衫都道是新婚。”

从那时起到现在，75 年来他在写诗作词的道路上持之以恒，仅 2018 年商务印书馆出版的《厉以宁诗词全集》就整理和记录了他 1947—2017 年以来所写的 1600 首诗词，包含韵律诗、词、自由体诗等各种体裁。厉以宁认为，诗词对一个人的胸怀、品格和修养有潜移默化的影响，一首好的诗词，可以塑造一个人的性格、助力一个人的成长、影响一个人的一生。所以从厉以宁的诗词中，我们除了可以体验到文字之美、韵律之美和意境之美外，还可以看到他对工作和生活的热爱与执着、对历史和人生的思考与感悟。阅读厉以宁的诗词，不仅可以触摸时代的沧桑巨变，还可以感受他“缓流总比急流宽”的豁达与胸怀。

厉以宁老师多次讲过，自己只是一名经济学教师，诗词只是他在闲暇时候的一种爱好。但是，如同历史研究需要感觉和想象一样，经济学研究也需要一定的感觉和体验，诗词的意境丰富了厉以宁经济学的思考，而经济学的思考又使得他的诗词多了对历史和现实的关照。阅读他的诗词，我们既能从中感受到一种经世济民、匡时守正的家国情怀与责任担当，又能从中感受到一种开放包容、兼收并蓄的治学态度，还能从中感悟到他面向世界、博采众长的精神世界和教亦多术、有教无类的师者魅力。

诗词就是厉以宁老师人生和治学的心灵与哲理追寻。

（原文载《人民政协报》2021 年 3 月 22 日第 10 版）

诗词中的唯物辩证法

辩证法是思辨与实证相统一的方法，是关于对立统一、普遍联系和变化发展的哲学学说。厉以宁常讲，经济学研究要懂得哲学辩证法，哲学与经济学不是非此即彼的关系，而是“你中有我、我中有你”，哲学的重大问题要从经济学深层内涵中寻求终极根源，而经济学的复杂问题只有上升到哲学高度才能看清其本质。青年时期的厉以宁结合对中国古代哲学与西方哲学的研读，深入探讨了马克思主义的哲学原理和基本问题，从而大大加深了他对经济学问题研究的宏观把握和理论穿透力，同时也让他的诗词创作蒙上了浓浓的唯物辩证法底蕴。

2016 年 9 月下旬，厉以宁率全国政协经济委员会调研组就推进供给侧改革、加快经济转型专题在山西调研，途经榆次常家庄园时，他挥笔写下了《诉衷情 · 山西晋中榆次常家庄园》一词：

秋来风起白云低，花落沾人衣。新杈犹有香气，指路到桥西。　　园寂静，细流溪，绕长堤。沧桑亭阁，昔日楹联，游客深思。

在这首词里，厉以宁借景抒情，写出了岁月长河的沧桑和新事物代替旧事物的必然性。看我还站在一边仔细研读琢磨，厉老师对我说："诗词之道，除了懂韵律之外，一是要懂历史有文学素养，这样根基才能牢；二是要懂感觉会想象，最好还能懂点辩证法，这样写出来的诗词才能寓意好有内涵，给人以启迪和思考。"

厉以宁自幼就喜欢诵读古代诗词，自 1947 年创作第一首诗词《相见欢·仪征新城途中》以来，在此后 70 多年的岁月中持之以恒，被他的众多同事和学生誉为"诗意人生"。厉以宁的诗词很有个人特色，既有深刻的历史和社会沉思，又有底层生活的经历和感悟，诗词用语明快清新、朗朗上口。在厉以宁的诗词中，除了富含历史智慧和经济学理论外，唯物辩证法的影子也随处闪现。比如写于 1951 年的《菩萨蛮·别长沙》一词：

严堤沙岸湘江度，娇红艳紫湘江树。湘江自多情，欢腾送我行。　　无穷留恋意，伴逐霞云起。何处不逢春，春光不待人。

词中以"何处不逢春，春光不待人"为结尾收句，写出了事物总是处于永恒的运动、变化和发展之中，以及抓住青春时光努力读书和奋斗的紧迫感。这句之意与杜甫的七言律诗《登高》中“无边落木萧萧下，不尽长江滚滚来”的诗句有异曲同工之处，说明了事物的发展总是不以人的意志为转移的道理。

再比如写于1955年的《鹧鸪天·大学毕业自勉》一词：

溪水清清下石沟，千弯百折不回头。兼容并蓄终宽阔，若谷虚怀鱼自游。　心寂寂，念休休，沉沙无意却成洲。一生治学当如此，只计耕耘莫问收。

这首词中既含有厉以宁青年时代的志向，也有他对理想咬定青山不放松的锲而不舍精神。厉以宁常对学生们讲，在一个人的求学和工作历程中，既应学习溪水“千弯百折不回头”的韧性，也应有“沉沙无意却成洲”的淡泊和淡定，这样无论是治学还是干事，才能始终保有一颗忙而不乱、久而弥坚的心。而他自己在青年时代既有在北大图书馆资料室坐“冷板凳”的经历，也有在鄱阳湖畔鲤鱼洲从事农业劳动的体验，但他始终不曾放弃学问和研究，始终不曾放弃对理想的坚持和追求，从而成就了他后来在经济学界和诗词领域的深厚造诣。

对立统一规律揭示了事物内部对立双方的统一和斗争是事物普遍联系的根本内容，是事物变化发展的源泉和动力。厉以宁诗词中对这一规律多有涉及。比如，写于2017年的《秋波媚·重读吴伟业诗〈过淮阴有感〉》：

炼丹服药为长生，无奈夕阳横。悬崖难上，仙家难遇，问寿无声。　　浮沉如梦谁能悟？魂魄绕空城。几人酣睡，几人酒醒，只转农耕。

词中以读吴伟业的旧作为题，抒写对世代更替、尘事变幻、个人境遇的波澜起伏的追索，指出在纷繁复杂的矛盾纠葛中，历史长河中的个人应始终抱有一份自律和清醒。

再比如，写于1978年自己48岁生日时的七绝《无题》：

日升日落孰为先，月缺并非月不圆。
山景总须横侧看，晚晴也是艳阳天。

在这首诗中，厉以宁以日升日落、月圆月缺的对比来阐述人应该通过不同的视角去观察事物、考虑问题。日升日落、月圆月缺本是自然现象，但人因为心境不同，或赞美日出或讴歌日落，或兴致盎然或怅惘伤感，皆因个人心境而生，而外在的客观事物却是并无不同，因此“山景总须横侧看”，方能对事物做出一个基本正确的判断。

质量互变规律揭示了一切事物运动、变化、发展的两种基本状态，即量变和质变以及它们之间的内在联系和规律性。2017年

2月，厉以宁为祝贺商务印书馆创立120周年，挥毫写下了《浣溪沙·祝贺商务印书馆创立120周年》：

先辈当初创业愁，而今声誉满全球，同仁几代续春秋。　　冬夜有暇街上过，明窗灯亮映高楼，作家编辑正交流。

商务印书馆作为“中国现代出版第一家”，在中国现代文化的历史进程中发挥着重要的作用。这首词就写出了在过去的两个甲子里，商务印书馆从创建、到发展、到辉煌、再到继续发展前行的整个历史脉络。从量变到质变，质变又引起新的量变，新的量变发展到一定程度又引起新的质变，商务印书馆在120年的时间里如此交替发展、不断转化，皆因无数工作人员背后默默的付出，以不断积累的量变，引发质变，从而创造出了众多中国现代出版史上的“第一”，成为中国文化建设的中坚力量。

否定之否定规律是指事物变化发展的方向和道路是由肯定到否定再到否定之否定的螺旋式的前进运动。事物内部都存在着肯定因素和否定因素。肯定因素是维持事物存在的因素，否定因素是促使事物消亡的因素，事物发展的否定之否定过程，从内容上看，是自己发展自己、自己完善自己的过程；从形式上看，是螺旋式上升或波浪式前进，是前进性和曲折性的统一。厉以宁诗词中对这一规律常有涉及。比如，写于1984年的《采桑子·皖南道中》：

当年都道徽商富，刚下苏杭，又去淮扬，来往车船贩运忙。　　徽商早已无踪影，新辟商场，摊位成行，尽是农家小货郎。

这首词的上阕讲的是历史上徽商的辉煌。活跃于明清时代的徽商，足迹遍及宇内，从偏远的沙漠到秀美的海岛，乃至于遥远的海外，都有徽商的足迹，引领商界风骚数百年之久。下阕讲的是随着近现代以来商业经济的繁荣，特别是改革开放以来市场经济的发展，大量的个体户、农民工创业取代了徽商曾经的领军地位，处于时代发展之前列，全词阐明了商业螺旋式发展之路，隐现了其中的否定之否定规律。

再比如，写于2013年的《鹧鸪天·西安曲江，盛唐名胜地》：

故地重来几度秋，关中霸气早难留。宫廷舞乐黎民怨，废弃名园万事休。　　城北望，水东流，环池又复见新楼。当年叶落愁人处，正盼花红万客游。

词中从盛唐时期长安城的繁华景象，写到安史之乱后长安城的几度兴衰春秋，终不复当年的雄伟气象。直到近现代以后，西安城才又开始重新焕发生机与活力，站在城北高原上环望，泾、渭、浐、灞、涝、潏、沣、滈八水绕长安的景象开始了逐步恢复与重现，城市发展日新月异，居民生活水平也是丰裕富足，足见历史发展的迷人与魅力之处。此词表达了历史兴衰之意，但其哲学内核与《采桑子·皖南道中》类同。

辩证唯物主义认为，主观是指人们的思想和认识，客观是指在人的认识之外、不依赖于人的意识而存在的事物，主观和客观的关系是辩证的统一，客观决定主观，主观反映客观，又能动地反作用于客观。厉以宁诗词中对这一辩证法常有喻及。比如，写于 1953 年的《采桑子·颐和园》：

佛香阁上看湖小，只道山高。谁道山高，见否群峰水底飘？　　半池荷叶遮行路，懒把舟摇。待把舟摇，别有风光玉带桥。

这首词主要是提醒我们观察问题的关键在于个人的立场和视角。立场和视角不同，对事物和生活的观感和认识就不同，从山看湖，就觉得山高湖小；但若从湖看山，则天光云影，再高的山也莫不倒映于湖中。另外，还有写于 1984 年的《菩萨蛮·黄山归来》：

隔山犹有青山在，彩云更在群山外。寻路到云边，山高亦等闲。　　问君何所志，纵论人间事。寄愿笔生花，香飘亿万家。

这首词中藉青山、彩云对比来阐明的主观立场与客观存在，与前一首词的意境和用语颇有相似之处。

当然，唯物辩证法还有许多其他的原理与范畴，比如矛盾的主要方面和次要方面、本质与现象、内容与形式、原因与结果、必然性与偶然性、可能性与现实性等，它们从不同的侧面揭示了事物的本质联系。商务印书馆出版于2018年的《厉以宁诗词全集》共四卷1416首，对这些原理与范畴也多有涉及。阅读厉以宁的诗词，既可以触摸时代的沧桑巨变，也可以感受个体的曲折人生，还可以体悟到他在哲学的关照之际，对光阴的重视与珍惜，如“人世难寻回首路，机缘一去不重逢”（《七律·雨中游南雁荡》），“轻舟好去莫回头，破浪直前随处有芳洲”（《虞美人·山东荣成市成山头》）；为人的谦逊与豁达，如“高山绝壁从无水，洼则盈盈，低则青青，知否人间处世情”（《采桑子·青海西宁至贵德途中》），“细雨斜风燕来去，心宽无处不桃源”（《七古·游桃花源》），“处世长存宽厚意，行事惟求无愧心”（《破阵子·七十感怀》）；以及拳拳的爱国之心和浓浓的家国情怀，如“乐在众人后，忧于天下先”（《五律·岳阳楼》），“一番求索志难移，此身甘愿作人梯”（《浣溪沙·六十自述》），“此生奉献从无悔，叮嘱儿孙永向前”（《鹧鸪天·赠黑龙江农垦老战士》）。

（原文载《人民政协报》2021年11月1日第12版）

诗词中的历史典故

厉以宁酷爱历史，虽然是经济学家，但他对历史研究的涉猎不亚于一名历史学者。从对古希腊罗马时代的研究到对文艺复兴和启蒙运动的关注，从对麦哲伦环球航行逻辑的分析到对美国20世纪30年代大萧条时期的回顾，可以说他的史学眼光蕴养了他经济学的宏观视野与比较研究方法。让我印象深刻的是，厉以宁对中国古代和近代历史的研究近乎痴迷，特别是近几年我多次见到他在家中捧着厚厚的繁体版《北史》和《宋史》细细研读，页面上随处可见他画的横线符号和写的感想短语。有一次我实在好奇，忍不住问他为什么要这么仔细地看《北史》和《宋史》，他说，南北朝的历史特别是北朝的历史被研究得还不够深入，但恰恰是这一段历史对后来的中国社会影响深远，无论是民族共同体的扩展、制度文化的重塑、精神气质的锻铸还是经济社会的恢复重振，都有着很高的价值和意义，值得反复阅研体悟；看《宋史》主要是想回到当时的历史场景，搞清楚经济方面比较繁荣、社会氛围比较宽松、文化艺术比较灿烂、士大夫都有报国情怀的两宋时期，为什么却是国力积弱？是上层集团缺少勇武之气和开拓意识，还是立国方略有偏差，抑或是整个社会氛围和群体意识就是耽溺于偏安和享乐？这些问题都值得深究和总结。厉以宁对历史的这种偏爱和研究，不可避免地影响和映射到了他的诗词创作中，在他的诗词里，包含有海量的历史典故、思考和评析，我仅从厉以宁老师在政协履职的15年间所写的诗词里选出6首，来赏析和追寻厉以宁老师对历史的思考和关照。

其一，写于2003年的《七绝·贵州山区，再咏明建文帝》：

宫内无缘参佛法，断魂离恨走天涯。
流亡始悟民间苦，瓦钵僧衣处处家。

建文帝朱允炆于明洪武十年（1377年）12月5日出生在应天府（今南京），为明太祖朱元璋之孙，明朝第二位皇帝，在位四年，年号“建文”。朱允炆于洪武三十一年（1398年）继位，在位期间增强文官作用，宽刑省狱，严惩宦官，改革弊政，史称“建文新政”。但建文帝身上优柔寡断书生气比较多，又没有多少治国经验，还缺少居大位者身上应有的自信和坚强，因此在施行削藩政策时导致其叔叔燕王朱棣起兵对抗，“靖难之役”后朱允炆兵败下落不明，成了千古疑案，众说纷纭。厉以宁在此词中采用了出家为僧说，即城破后建文帝削发为僧，一路南逃，后在贵州寺庙落脚；也正是在逃亡途中，他才对民间疾苦和百姓生活之不易多有了解，终于放下了身份和重负，回归平常生活，青灯古佛伴余生。

其二，写于2004年的《巫山一段云·贵州修文王阳明故居》：

云绕山间树，顺溪下夜郎；不辞路途跋涉苦，孤月照蛮荒。　　誓改穷村貌，手脚种稻粮；三年劳累实难忘，黔地读书乡。

王阳明生于明成化八年（1472年）10月31日，名守仁、字伯安，浙江绍兴府余姚县（今属宁波余姚）人。因其曾筑室于会稽山阳明洞，自号阳明子，世称王阳明，是明代著名的思想家、文学家、哲学家和军事家。他创立的“心学”体系，倡导追求个性解放，提出“致良知”“知行合一”的命题和主张，冲破了僵化的“理学”传统观念，在明清乃至近代都产生过重要影响，清代名士王士祯称赞他“立德、立功、立言，皆居绝顶”，为“明第一流人物”。王阳明青年和壮年时期时，足迹遍及当时还比较偏僻的贵州、江西、湖南、广西等地，无论在从政、军旅之中，还是于丁忧居家之时，都不忘兴学、讲学，为当地和朝廷培养了大批人才，极大地促进了当地经济社会和教育文化事业的发展。特别是正德元年（1506年），王阳明因反对宦官刘瑾，被贬至贵州龙场当驿丞，在龙场这个既安静又困厄的环境里，他结合历年来的遭遇，日夜反省，终于认识到“圣人之道，吾性自足，向之求理于事物者误也”。“龙场悟道”发生在正德三年（1508年），王阳明当时37岁，是他世界观人生观的转折点，从此，他在居于正统地位的朱子学之外，开启了声势颇为浩大的阳明学潮流。2004年3月厉以宁到贵州调研，途经修文县王阳明故居，联想到在毕节流传的王阳明故事，回想起自己曾经下放鲤鱼洲农场的劳动经历，于是就挥笔写下了这首追古抚今的词。

其三，写于2005年的《采桑子·黄冈赤壁》：

阿蒙了却周郎愿，夺下荆州；难保荆州，孙皓无谋王气收。　　东坡诗词千秋颂，情也悠悠；意也悠悠，伴逐长江不尽流。

2005年初厉以宁带队到湖北调研，途经黄冈时他挥笔写下了这首追思三国往事的词。赤壁之战后刘备以向益州发展为由，从孙权手中“借”得荆州，但刘备占据了益州和汉中后，仍然以各种理由拒绝归还荆州，并派关羽率军镇守荆州，以防吴国进攻。刘备借荆州这件事，周瑜一直反对，直到病逝前还在想尽办法讨回荆州。吕蒙曾是周瑜的部将，他乘关羽率军北伐襄樊与曹军作战之际，白衣渡江，袭取荆州，擒杀关羽，彻底解决了东吴与蜀汉共据长江，蜀汉可能顺江而下直取东吴的战略风险。但孙权的孙子孙皓即位后却粗暴骄盈、暴虐治国，很快丧失民心，终于西晋咸宁六年（280 年）被王濬率领的晋军所俘，因此才有了刘禹锡所写的《西塞山怀古》：“王濬楼船下益州，金陵王气黯然收。千寻铁锁沉江底，一片降幡出石头。”站在赤壁古迹前，厉以宁不由得想到了苏轼所写的《赤壁怀古》，对苏轼才情和诗词造诣的赞赏、对古战场的凭吊、对历史和人生的感悟，油然而上心头，端的是“人世几回伤往事，山形依旧枕寒流。今逢四海为家日，故垒萧萧芦荻秋”。

其四，写于 2013 年的《菩萨蛮·安徽淮南市八公山淝水之战古战场》：

八公山上风声急，八公山下雄兵集；眼底野花香，当年古战场。　　渔家娇小女，顺水摇船去。低声唱村歌：兵精不在多。

2013 年 11 月，厉以宁在淮南考察经济和历史文化发展情况时，有感于淝水之战对中国古代历史的影响，于是就有了这首《菩萨蛮》。淝水之战是我国历史上著名的以少胜多的战役之一，它的发生地在淮南市的寿县。寿县，别称寿州、寿春，东晋孝武帝时，因避帝后郑阿春讳改寿春为寿阳。东晋太元八年（383 年），前秦苻坚将兵攻占寿阳，淝水之战由此展开，东晋大破前秦，收复寿阳，苻坚战败逃回北方后不久被杀，北方重新分裂。此战对当时的政治格局产生了很大影响，将中国南北朝对峙的局面推迟了半个多世纪。东山再起、投鞭断流、草木皆兵、风声鹤唳等成语皆与此战有关。“滚滚长江东逝水，浪花淘尽英雄”，如今的八公山上、淝水河畔，一幅村庄秀美、村风祥和、村民幸福的画卷映入眼帘。远去了刀光剑影和鼓角争鸣，只留下兵不在多而在精、将不在广而在谋的历史典故给后人以借鉴。

其五，写于2014年的《卜算子·唐昭陵，太宗埋葬处》：

关塞早萧条，花落春将暮；一代明君悔恨行，终被仙丹误。　　岭上白云飞，山下青青树；政兴政衰在用人，纳谏消迷雾。

唐太宗李世民雄才大略、善于用兵，是中国古代历史上有名的政治家、军事家和皇帝。唐初政治较为清明，经济发展较快，文化开放繁荣、自信豪迈，国力逐步增强。李世民在位期间，长安是国际性大都市，世界各地的商人聚集在一起。吐蕃赞普松赞干布几次派使者向唐求婚，李世民最终同意文成公主入藏，促进了西藏与内地之间的友好往来与联系。李世民以较为开明的民族政策赢得了周边各族的拥戴，被尊称为“天可汗”。唐贞观二十三年（649年）五月廿六日，他因追求长生，长期服用仙丹导致暴疾，驾崩于终南山上的翠微宫含风殿，庙号“太宗”，葬于昭陵。2014年6月，厉以宁带领北大光华学院师生一行调研行经咸阳市礼泉县烟霞镇，远望九嵕山主峰上的昭陵，感慨白云苍狗、岁月不拘，一个朝代的兴衰起伏很大程度上在于选人用人，正所谓“为政之要，惟在得人”“育材造士，为国之本”。李世民之所以能在较短时间内使唐朝进入国富民安时期，形成历史上有名的“贞观之治”，重视人才、善于纳谏无疑是一个重要原因。

其六，写于2015年的《减字木兰花·陕西汉中市留坝县张良庙》：

沉云漫漫，秦岭林深山路断；古道陈仓，争霸当年楚汉王。　　运筹决胜，不负名师奇著赠；勇退潮流，看破红尘四海游。

汉初三杰的故事大家都耳熟能详，特别是刘邦所讲“夫运筹策帷帐之中，决胜于千里之外，吾不如子房；镇国家，抚百姓，给馈饷，不绝粮道，吾不如萧何；连百万之军，战必胜，攻必取，吾不如韩信。此三者，皆人杰也，吾能用之，此吾所以取天下也”，更是深入每一个文学和历史爱好者之心。汉初三杰都有很多典故，比如孺子可教、成也萧何败也萧何、胯下之辱、萧规曹随、韩信点兵多多益善等，足见这三人能力之强。刘邦有了以这三杰为代表的骨干队伍，无论是军事、经济、内政还是外事上都井然有序，即使有好几次被项羽打的丢盔弃甲、狼狈四窜，但也能很快恢复，最终胜出。司马迁曾对张良赞誉有加：“运筹帷幄之中，制胜于无形；子房计谋其事，无知名，无勇功，图难于易，为大于细。”苏轼也专门为张良写了《留侯论》，文中开篇即讲：“古之所谓豪杰之士者，必有过人之节。人情有所不能忍者，匹夫见辱，拔剑而起，挺身而斗，此不足为勇也。天下有大勇者，卒然临之而不惊，无故加之而不怒。此其所挟持者甚大，而其志甚远也。”厉以宁对张良的评价一直都很高，认为他是汉初杰出的政治家、谋略家和军事家，如果汉初没有张良，历史就会平淡和逊色很多。2015 年 4 月，厉以宁带领全国政协经济委员会调研组在陕西汉中调研，在前往留坝县的路上，看着秦岭深处一路的险峻瑰奇和栈道遗迹，遥想当初张良急流勇退一路跋涉到留坝，此处当年山岭陡峭、人迹罕至、偏远荒凉，作为一名曾身在高位之人，张良确实做到了看破红尘得自在。

历史和诗词是厉以宁经济学研究历程中的两大加力器，它们相辅相成相得益彰，历史给了厉以宁经济学研究以厚度和深度，诗词给了厉以宁经济学研究以灵气和创意，从而激发厉以宁写出了更多富有底蕴和穿透力的经济学力作与佳作。

（原文载《人民政协报》2022 年 4 月 2 日第 6 版）

诗词中的经济学关照

作为一名严谨、睿智、有独到见地的经济学家，厉以宁诗词里蕴含有不少经济学现象和思考，经济思想与哲理诗意相互交融，构成了他诗词的独有魅力。厉以宁所写的诗词中，最早涉及经济学观察的是写于1949年的《采桑子·湖南芷江麻缨塘》：“山中原木顺溪下，任自漂流，搁浅村头，锯锯钉钉成小舟。　渔家拂晓河滩去，撒下鱼钩，坐待丰收，活鲫泥鳅一满篓。”以及1950年的七绝《沅陵白田头至乌宿途中所见》：“薄雾青山白田头，小溪汇聚向东流。村民送客无他物，腊肉熏鱼茶籽油。”

写《采桑子·湖南芷江麻缨塘》这首词的时候厉以宁还不到19岁，他在途经湖南芷江县麻缨塘时，便观察到了当地渔民伐木造舟、晓出捕捞的辛劳场景。写七绝《沅陵白田头至乌宿途中所见》这首诗的时候厉以宁也还不到20岁，但他行路途中目光所及，就已对当地的村容村貌、民风民俗和地方特产有了细微观察。这些早期的思考和观察习惯，同他此后在北京大学的学习、社会实践、下放劳动、教学经历等相结合，就映射到了他治学讲学的各个方面。特别是在担任全国人大代表和全国政协常委的30年里，随着他调研考察足迹的拓展，对经济社会观察分析的深刻，对经济学研究的创新发展，他的诗词创作里更多融进了对经济现象的关照和思考。下面，我就从厉以宁在政协履职期间所写的诗词里，选出7首我所见证过的诗词，来评析其中所涉及的经济学元素和思考。

其一，写于2007年的《长相思·汕头海边所见》：

岛上春，滩上春，斗笠遮阳赶海人，欢歌情意真。　鱼满盘，贝满盆，快速蹬车转后村，云来天渐昏。

2007年初春，厉以宁带队到广东调研，早起在汕头海边见到渔民赶海，看着朝霞变幻下波平浪静的海滩、熙熙攘攘的人群，感受着渔民捕捞的收获和紧张的劳作节奏，不由得为勤劳的人们所感动。厉以宁认为，海洋是资源的宝库，大力发展海洋经济，是加快实现经济转型升级的重要引擎之一。海洋旅游、远洋捕捞、海水养殖等都是海洋经济的一部分，要向海开放、依海而生、向海而兴，因地制宜发展特色海洋产业，逐步建立起完善的现代海洋产业体系和绿色可持续的海洋生态环境，要向海洋要食物，依靠海洋致富，通过“靠海吃海”，让渔民的腰包“鼓起来”，让渔民富起来。

其二，写于2011年的《秋波媚·山东沂水姚店子镇，考察农村金融新变化》：

农家缺钱自彷徨，有苦找谁帮？春耕在即，肥料无着，购种无方。　　忽闻镇上新开设，合作小银行，公平利率，不需抵押，信用为王。

2011年7月，厉以宁率全国政协经济委员会“农村金融与小城镇建设”专题组赴山东调研。在山东临沂市的姚店子镇，调研组详细考察了齐商村镇银行、聚福源资金互助社等的运营情况。厉以宁认为相对于城市金融而言，农村金融仍然是整个金融体系的薄弱环节，农村金融产品单一，无法满足农民日益差异化的需求。而农村金融问题不解决，传统农业向现代农业的转型发展就很难。发展现代农业，必须要有金融支持，除了化肥、农药和种子外，在农机设施、农业科技应用等方面，也需要有足够的资金做后盾。只有完善的金融服务、创新的金融产品，才能满足现代农业发展的金融需求，从而促进农业现代化发展。姚店子镇的合作小银行等，让厉以宁看到了农村金融改革创新的探索方向。

其三，写于2012年的《踏莎行·第七次贵州毕节市扶贫有感》：

积雪消融，山林甦醒，纵横百里黄花影。杜鹃绽放漫坡红，春风已过乌蒙岭。　　村镇繁荣，家和院静，财源畅通无他径。艰辛创业信为先，人人学艺开新境。

厉以宁自2003年开始担任贵州毕节试验区专家顾问组组长，2009年改任贵州毕节试验区总顾问，至2012年为止，先后7次到毕节各县区进行调研，10年间足迹遍及毕节的角角落落。厉以宁对毕节极有感情，除了积极为毕节的经济社会发展建言和出谋划策外，还从2004年开始在他担任院长的北京大学光华管理学院对毕节地区副县级以上干部进行培训，并带头为毕节教育事业的发展捐款捐物。在社会各界的大力帮扶和毕节人的努力奋斗下，毕节已完全发展成为一座现代化的新型城市。2012年2月底，厉以宁第七次带队到毕节调研扶贫，看到毕节蒸蒸日上的发展面貌，厉以宁心情大好，挥笔写下了这首词，勉励当地民众坚持创业为先、诚信为本，大力发展职业教育，争取人人都能学得新技能、新本领，从而使每个人都能有就业、致富和人生出彩的机会。

其四，写于2015年的《朝中措·三到福建晋江石狮镇》：

当年遍地小摊铺，夫妇街头唤：鞋帽披肩尽有，新裙正在中途。　　任君挑选，买方还价，不亦忙乎！二十九年过去，果然初展鸿图。

石狮镇，乃至今天的石狮市，历史上曾经都属于福建晋江县

（今晋江市）。1987 年底，国务院批准将晋江县的石狮、蚶江、永宁三镇和祥芝乡划出设置石狮市，为省辖县级市，石狮和晋江由此从隶属关系变成了平级关系，并作为福建省综合改革试验区。福建经济总量最高的是泉州，而泉州乃至福建经济总量最高的县（县级市）是晋江市，排在第二位的就是石狮市。厉以宁第一次到石狮镇的时候，石狮镇还隶属于晋江县，因此他 2015 年到石狮镇时，出于习惯仍称其为晋江石狮镇。20 世纪 80 年代，石狮镇就以服装款式新颖、种类齐全而成为全国有名的服装市场。但厉以宁初到石狮镇的时候见到的还多是石板路、尘土路和街头的小地摊、沿街叫卖的小商贩，所以当年厉以宁就有一个愿望，希望石狮镇能成为泉州、福建乃至全国有名的商贸之地、服装之都。29 年之后三到石狮镇时，他很高兴地看到了石狮镇已经实现了他当年的愿望，商业兴旺、客商云集，民营经济发达，具有很高的商业活力与经济实力，未来更大发展可期。

其五，写于 2015 年的《采桑子·辽宁凌源农村新气象》：

多年致富无良策，坡上开荒，终日空茫，青壮离家不返乡。　　自从推广花棚后，路路清香，岁岁余粮，创业农民尽小康。

2015 年 8 月厉以宁带领全国政协经济委员会“贫困地区可持续发展”专题组在辽宁调研，在深入凌源市的乡村调研时，调研组了解到当地不少村民致力于大棚养花、大棚种菜，建大棚的资金靠信贷，营销靠合作组织，一改过去的贫困面貌。厉以宁认为，幸福生活都是靠摸索干出来的，农村的致富问题比较复杂，既要确保国家粮食供给安全，又要确保农民收入增长，让农民愿意种地、愿意种粮，在实际操作中还是需要加强政策引导和鼓励的。凌源市的一些农村在种粮之余，通过发展大棚经济增加了收入，一些青壮年劳力也从城市回流到家乡创业，基本做到了乡村花香美、粮食产量丰、农民收入涨、大众创业忙，为贫困地区的可持续发展探索了一条可资借鉴的道路。

其六，写于2016年的《踏莎行·再到广东湛江》：

> 阵阵清风，琴弦自弄，园林再到谁迎送？导游已换几批人，菠萝的海齐传颂。　　漂洗珍珠，莫教手冻，尽心挑选名声重。喜见中外客商来，全球珠市原非梦。

2016年厉以宁率队到湛江调研，距离他2002年第一次到湛江考察，已有14年。前一次在湛江调研，给厉以宁留下深刻印象的是湛江的两大特产：一个是湛江徐闻县大面积种植的菠萝，其面积及产量均超过全国的三分之一。由于徐闻县自身所处雷州半岛的独特地理位置，阳光雨量充沛，再加上火山熔岩风化后形成的红土壤，产出的菠萝具有甜酸爽口、清脆多汁等特性，很受顾客欢迎。厉以宁在参观菠萝种植地时脱口而出了“菠萝的海”

四个字，并在此后的政协会议中、北大课堂上和论坛演讲、接受媒体采访时频频提及，从此这四个字便很快响彻全国，成为湛江菠萝产区一个响亮的名号和广告词。另一个是湛江产的高品质珍珠。珍珠按产地分为西珠、东珠和南珠。西珠主要产于西欧和地中海一带，东珠主要产于日本、朝鲜，南珠则主要产于湛江、北海和海南等地。其中湛江因其地理环境得天独厚，养育出来的珍珠粒大、圆润、细腻、色彩瑰丽，堪称珍珠中的佼佼者。厉以宁很希望湛江的菠萝和珍珠能做大做强，在与当地的官员、果农、珍珠养殖户等座谈交流时，他专门提到了要做出规模、做出品牌、做出效益的努力方向。如今 14 年过去，再来湛江，厉以宁很高兴地看到了当初的两大愿望都已实现，于是欣然写下了这首《踏莎行·再到广东湛江》。

其七，写于 2017 年的《鹧鸪天·〈厉以宁诗词全集〉理完毕，有感而作》：

独坐书斋天地宽，推窗始觉在人间。山头新月匆匆去，留下青松夜夜寒。　　挥笔易，治贫难，几家愁苦几家欢。诗词岂止闲情诉，广厦城乡大众安。

2017 年 8 月初，历经两年时间，厉以宁终于将个人诗词整理完毕。当时已是深夜，万籁俱寂，远望新月从香山顶上滑落不见，低头再看桌上堆积如山的诗稿，方觉做学问之难、写诗词之不易，“一生治学当如此，只计耕耘莫问收”。时代的进步、发展和变革，需要一代又一代人的努力，需要在学术研究、人才培养、科技创新和社会治理等方面不断推进与探索。“化身红烛守书斋，照见窗前桃李已成材”，这就是以厉以宁为代表的那一代学人的情怀和写照。作为中国经济改革的亲历者和参与者，厉以宁在经济发展和教书育人方面做出了自己的突出贡献，但他仍然感到在推进精准扶贫、实现共同富裕等方面还有很多事情需要去做，希望后来者能不忘为中国人民谋幸福、为中华民族谋复兴的初心使命，埋头苦干勇毅前行，不断满足人民对美好生活的向往。

厉以宁是一位具有诗人气质的经济学家。他的诗词既是个人过往的经历，也是他对人生的沉思，还是他对经济社会现象的关照。1400 多首诗词，横越了 70 年岁月。它们既是厉以宁 70 年来个人经历的写照，也是 70 年来我国经济社会文化发展变迁的缩影。可以说，厉以宁诗词既是一部中国学人的奋斗史、创新史、报国史，也是一部国家走向富裕富强、人民走向幸福安康的命运交响曲。厉以宁的诗词，以其清新凝练、贴近生活的语言，看得见山、望得见水的意境，有责任有情怀有担当的学者情怀，为我们勾勒了一幅画卷，描绘了一段历史，展现了何为学通古今中外，回答了何为刻苦、努力和勤奋。厉以宁诗词中的经济学关照，也是一个个精彩的中国故事，它有助于把中国介绍给世界，让世界更好地认识中国、了解中国。

（原文载《人民政协报》2022 年 4 月 18 日第 12 版）

后记

自2003年全国政协十届二次常委会议期间第一次见到厉以宁老师，至今已有19年。期间，听厉老师讲课，陪同厉老师外出调研，服务厉老师在政协大会、常委会期间履职，多次听到他对国是的建言、对民生的关切、对中国特色经济学理论构建的用心用力，确实是“书生一介甲子一轮，厉言厉功，殚精竭虑问计民瘼国运，策策皆厉；桃李满园栋梁满堂，亦文亦诗，呕心沥血嘉惠士子学林，字字以宁”。厉以宁老师身居斗室心系天下、立德树人传道授业67年的风雨之路，见证了历史、树立了楷模、立起了标杆，端的是“桃李芬芳，有教无类一生教学成就斐然群英荟萃；星光灿烂，为国分忧建言资政功在当代利泽千秋。”

从 2015 年 4 月写作《厉以宁：沉沙无意却成洲》一文开始，到今年 4 月写作《厉以宁诗词中的经济学关照》止，7 年间我共写了 21 篇回顾总结厉以宁老师思想观点和诗词创作的文章，这些都是我跟随在厉老师身边的所思所学所见。在大师身边，方感自己读书之不足；在大师的身边，方感自己勤勉之不够；在大师身边，方感自己学问之欠缺；在大师身边，更感自己思索之浅陋。所以，陆续写作这些小文，既是对厉以宁老师的致敬，也是对自己的一种反思和鞭策。

感谢何玉春师母这些年来对我的关心和教导，每次见面都要激励我用心读书、踏实做人、勤勉干事。感谢王小宁女士、郭银星女士、刘国辉先生对结集出版此书的策划和催促，没有他们的协助，此书估计很难出版。感谢我的父母和家人，自 2000 年离开故乡来到北京，这么多年来他们一直在背后默默地支持我，为了我的求学和工作之路默默地付出。新竹高于旧竹枝，全凭老干为扶持。感谢你们不管多么辛苦、多么劳累都那么地相信我、支持我，正是你们的指引和鼓励，才让我有机会遨游在知识的海洋，谢谢你们！

2022 年 4 月